論理学　はじめの一歩

オイラー図とベン図で知る伝統的論理学

菅沢龍文 著

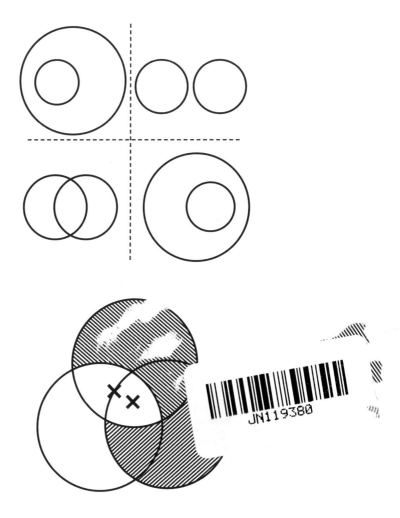

春風社

はしがき

　本書は西洋の伝統的論理学の入門書である。しかも大学の授業の教科書である。だから授業時間に合わせて、内容が13回に分かれている。そして、授業時間に余裕があれば、「探究」や「補足」の箇所も学べる。

　とはいえ、西洋の伝統的論理学を自習したい人も本書を使うことができる。本文は授業用のスライドと、それにかんする説明文から成る。そして、各回に理解の確認のための問題とその解答例が付いているので、自分の理解を自分で確かめることができる。

　論理学の知識を得るというよりは、むしろ現実的な論理学的推理力をつけたいというのであれば、本書は大いに役立つ。簡単な図形を用いて、ゲーム感覚で直観的に推理を行えるようになる。したがって、たとえ伝統的論理学のルールを知らなくても、頭の中で暗算をするように、素早く正しい推理ができるし、正しい推理を判定することもできるようになる。

　つまり、本書は大学で用いる論理学入門の教科書であるが、論理学を自習するのにも使えるし、現実の場面で論理的に考える力をつけるためにも役立つ。だから本書をマスターして、日常的にゲーム感覚で推理を楽しんでほしい。

著者　識

論理学　はじめの一歩
オイラー図とベン図で知る伝統的論理学
——目次——

第1回

思考の三原則から
はじめる

■本書では、西洋の古代ギリシア以来の伝統的論理学の基本を学ぶ。とはいえ、18 世紀の数学者オイラー（Leonhard Euler）の名前が付けられたオイラー図、および 19 世紀の論理学者ヴェン（John Venn）によるベン図を用いる点がいわゆる伝統的論理学と異なる。

　なぜこのようなことをするのかといえば、第一に、紙に書くまでもなく、頭で思い浮かべられる簡単な図形を用いて、直観的に伝統的論理学の内容の説明ができるからである。実はそれだけではなく、第二に、伝統的論理学で学ぶ定理などを覚えていなくても、図形を思い浮かべて考えるだけで、個別の推論について正しいかどうか（妥当性）の判別ができるからである。

　これは本当に簡単か、と思う人がいるかもしれない。そこで、じっさいに伝統的論理学の推理の基本を最初にオイラー図で、次にベン図で説明し、図形だけで推理することでこの問いに答える。

■本書の使い方

　本書はプレゼンテーションの画面に従って進む。その画面については、必要に応じて説明文を簡潔に付け加える。その画面には「探究」という表題の付けられたものがある。これは、少し立ち入った説明をしている箇所である。だから「探究」の箇所は、図形を用いて正しい推理を考えるだけならば、実用的にさしあたり必要ではない。

　また、じっさいに学ぶとなると、学んだことを応用してはじめて身につくと思われる。そのためには、各回の説明に応じた確認問題のページが末尾にあるので、それを自分で解く作業をする。（分からないところは、説明文や図に立ち返って考え、本書末尾の解答例を参照して考えてもよい。）これで肝要な点はマスターできるはずである。ついでに、他の論理学入門書（例えば、白根・大貫・菅沢・中釜著『論理学の初歩』梓出版社[1] など）では、同じ事がどのように説明されているか確認すると、本書の図形を用いた場合との比較考察ができて、より一層理解が深まる。

　こういった作業を 13 回にわたって繰り返せば、図形を用いるだけで、たとえ伝統的論理学の方法を知らなくても、伝統的論理学で考える正しい推理を一から自分で行えるようになる。

---

[1] この本は、ベン図を用いた三段論法の一覧も掲載されていて便利である。

何ができるようになりたいのか

① 【単純な図形の論理学】伝統的論理学の課題を**少数の図形で解決できる**。
　（A）オイラー図を使って解決できる。
　（B）ベン図を使って解決できる。
② 【丸暗記でない論理学】少数の基本図形の組合せで行う論理学が、伝統的論理学の諸規則に対応していることを確認して、安心して規則の**丸暗記から脱却できる**。（＝規則を忘れても困らない論理学）
③ 【自ら生み出す論理学】与えられた推論の正誤を判定するばかりか、さまざまな前提や結論をみたす、**正しい推論を作り出せる**。

■伝統的論理学を学んでいて、同じことが図形で直観的にできないか、という思いが生ずる人は少なくないのではないだろうか。この思いに答えるには2つの考え方がありえる。1つは伝統的論理学の方法をそのまま図形で再現しようとすることである。もう1つは伝統的論理学の方法から離れて、他の発想で図形を用いて、伝統的論理学と同じ成果を、再現することである。

　本書は2つめの考え方をとる。しかも第1にオイラー図を用いて、第2にベン図を用いて、伝統的論理学とは別の発想で、同じ成果を導きだせることを示す。このように同じ成果を別々の方法（図形）で示すのは無駄ではないか。しかし、オイラー図に加えて、ベン図でも同じ内容を別の方法で繰り返すことによって、伝統的論理学の理解を深めて確実にすることが目指せるのである。

図形で理解する

(1) 目標…考えていることが論理的に正しいか誤っているかが、**たちどころに分かる**ようになりたい。⇒図形を用いる。
(2) 内容…伝統的論理学を**オイラー図**と**ベン図**で直観的に活用できるようにする。

オイラー図の例　　　　ベン図の例

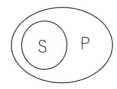 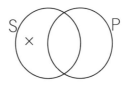

■西洋の伝統的論理学は、古代ギリシアの哲学者アリストテレスが大成した論理学であり、これが現代でも論理学の基礎として学び継がれている。この論理学の行う推理を第一にオイラー図、その次にベン図だけで理解しよう、というのが本書である。

　オイラー図は 2 つの円 S と P の関係を用いて考える。これら 2 つの円の関係は幾通りあるだろうか。描いてみれば分かるが、実は 5 通りある。これを後述のように 4 通りに減らして考える。ベン図は S と P の 2 つの円がお互いに切り合う関係の図を用いて、そこにできる内部の 3 つの区切られた場所に斜線を入れたり、×印を入れたりして考える。その基本図形は 4 つである。

　このようにオイラー図、ベン図、いずれにしても、覚えなければならない図形は 4 つだけである。あとは自分で考えるだけでも、伝統的論理学と同じ推理を考えることができるのである。

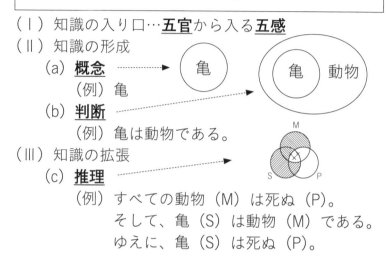

推理への3段階

（Ⅰ）知識の入り口…**五官**から入る**五感**

（Ⅱ）知識の形成

 （a）**概念**

   （例）亀

 （b）**判断**

   （例）亀は動物である。

（Ⅲ）知識の拡張

 （c）**推理**

   （例）すべての動物（M）は死ぬ（P）。

    そして、亀（S）は動物（M）である。

    ゆえに、亀（S）は死ぬ（P）。

■図形を用いて推理をする前に、その推理とはどういうものかを少し考えておく。

　推理は、われわれの得た知識を本にして行われる。例えば亀を知っているだろう。背中にお皿（甲羅）を乗せているごそごそ動く［…］生き物である。この場合、亀という言葉は対象となった生き物の名前であり、亀という名前で思い浮かべられる頭の中の観念が亀の思想、つまり概念である。そしてこの亀について、例えば「亀は動物である」と判断できる。

　このような判断を幾つか組み合わせて推理が行われる。上記のように3つの判断（2つの前提と1つの結論）で形成されるのが、三段論法と呼ばれる推理であり、伝統的論理学では後で学ぶように、その他にもいくつか推理の方式がある。

個物と概念

（1）個物の感覚には、どんなものがあるのか？
　　五官［目、耳、鼻、舌、皮膚］
　　五感［視覚、聴覚、嗅覚、味覚、触覚］
（2）個物が何であるか、を判断するには、何が必要
　　だろうか？

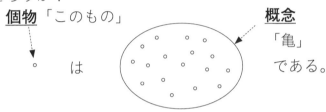

■以上は概略の話だったが、そもそもの出発点はわれわれの五官
（目、耳、鼻、舌、皮膚）を通じて入ってくる情報（五感）である。
そしてその情報の中から、1個、2個、3個・・・と数えること
ができる1つひとつの**個物**が切り出される。これらの個物はそれ
ぞれ「このもの」と名指すことのできる単一なものである。

　これら個物のそれぞれを観察することから、それらの個物につ
いての**概念**（思想）ができる。例えば、その中のいくつかの個物
は、背中にお皿（甲羅）をもって四つ足でごそごそ動く［・・・］
生き物である。これはこの物の概念（思想）であり、この概念は
「亀」という**名辞**（名前）で呼ばれる。

　アリストテレスの伝統的論理学は、この概念を記号に置きかえ
て、すべての人が正しいと考えざるをえない思考の筋道を考えて
いこうとするものである。だから概念の論理学とも呼ばれる。

思考の三原則

【問題】［　］の中に、「は」、「か」、「である」、「でない」
のいずれかを入れよ。

(1) **同一律** (Law of Identity)

　　A ［　　　］ A ［　　　　］。

(2) **矛盾律** (Law of Contradiction)

　　A ［　　　］ 非 A ［　　　　］。

　　【注意】矛盾律は、**矛盾してはならない**、という
　　　意味の規則である。

(3) **排中律** (Law of Excluded Middle)

　　A ［　　　］ 非 A ［　　　　］。

■正しい思考の必要最小限の条件が上記の思考の三原則である。

　なかでも（2）の矛盾律はおなじみである。では「矛盾」とは
なにか。古代中国の逸話で、「どんな盾（たて）でも突き抜く性
質（A）の矛（ほこ）」で「どんな矛でも跳ね返す性質（B）の盾」
を突くとどうか、という。そこで、矛の性質Aを肯定すれば、盾
の性質は非Bでなければならず、当初の性質Bと両立できない。
逆に、盾の性質Bを肯定すれば、矛の性質は非Aでなければな
らず、当初の性質Aと両立できない。これを一般化して、Aと非
Aという概念どうしが両立できないことが、**矛盾律**と呼ばれる[(2)]。

　したがって、矛盾律は「Aは非Aでない」と表現できる。この「非
Aでない」は「Aである」だから、矛盾律は**同一律**「AはAであ
る」であり、また**排中律**「Aか非Aである」でもある。

---

(2) 論理学では「同時に両立できない」というような時間条件は含まない。

理解の確認　第 1 回

問題 1　五感でないものを意味する言葉はどれでしょうか。
　　a. 視覚　b. 自覚　c. 聴覚　d. 味覚　e. 触覚
　　f. 嗅覚　g. 錯覚

　　　　　　　　　　　　　　　　　　解答 [　　　　　]

問題 2　次の a. と c. や、b. と d. はどこが違うでしょうか。

　　a. ●　b. 🐰　c. 黒丸　d. ウサギ

問題 3　指示対象が五感で捉えられない言葉はどれでしょうか。
　　a. 犬　b. 月　c. 宇宙　d. 神　e. 自由

　　　　　　　　　　　　　　　　　　解答 [　　　　　]

問題 4　思考の三原則でないものはどれでしょうか。（複数選択可）
　　a.　A は非 A でない。
　　b.　A は非 A である。
　　c.　A は A である。
　　d.　A は A でない。
　　e.　A か B である。
　　f.　A か非 A である。
　　g.　A でも非 A でもない。

　　　　　　　　　　　　解答 [　　　　　　　　　]

第 2 回

概念と判断

概念の

1 本質的定義

2 外延・内包

3 矛盾・反対

概念・名辞・定義

（1）知識をどのように整理すればいいだろうか？

　　概念（concept）：個体概念、特殊概念、普遍概念、
　　　　　　　　　　　等いろんな種類。

　　名辞（term）：概念を言語で表示したもの。

（2）概念はどのように定義されるだろうか？

　　定義（definition）：概念の意味を定めた文。

　　定義は、どのようにすればできるだろうか？

【例】

■すでに、ものの概念が名辞(名前)で呼ばれることは知っている。その概念もまた種別化できる。例えば、ソクラテスという概念は一個の人間についての概念であり、その名辞がソクラテスである。これが個体概念であるとすると、ギリシア古代哲学者という概念は、ソクラテスの他にプラトン、アリストテレス、[・・・]というように幾人も数えることができる。このような概念は特殊概念である。さらに、人間という概念は、すべての個人を要素とするので、普遍概念と考えることができる。しかし、すべての動物の中だと、人間は特殊概念であることに、注意すべきである。

　そこで改めて「人間とは何か」という問いに答えて、概念を明確にするとどうか。例えば、人間とは動物の中でも、理性で考える動物である、と答えられる。このように概念を明確化する文を概念の定義という。明確化の方法は、いろいろありえる。

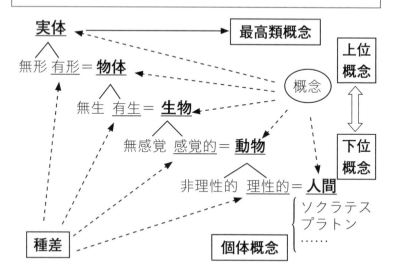

ポルフュリオスの樹 (Tree of Porphyry)

実体 ← 最高類概念

無形 有形＝物体

無生 有生＝生物

無感覚 感覚的＝動物

非理性的 理性的＝人間

概念

上位
概念

⇕

下位
概念

ソクラテス
プラトン
……

個体概念

種差

■上の図は、古代ギリシア末の哲学者ポルフュリオスが作った、実体概念を頂点とする諸概念の系統図（樹形図）である。最下層に個体概念があり、下位の概念に当てはまる個体はすべて上位の概念にも当てはまる。上位概念は**類概念**、下位概念は**種概念**と呼ばれる。そして最上位の概念は、最高類概念と呼ばれる。

　下位概念は上位概念を何らかの特徴（徴表）によって限定した概念である。その特徴は同じ類概念の下の他の種概念からその種概念を区別する特徴なので、**種差**と呼ばれる。

　例えば、種概念「人間」には、類概念「動物」に属する諸個体の中でも「理性的」という種差をもつものだけが当てはまる。つまり、人間とは理性的な動物である。これは、人間とは何か、という問いに対する1つの回答、つまり定義である。このように類概念と種概念と種差を用いる定義を**本質的定義**と呼ぶ。

概念の本質的定義

【考察】次の A 〜 C の語句を空欄に入れてみよう。
　　　A　類概念、　B　種概念、　C　種差

　動物という概念は、**人間**という概念の［　①　］。
　人間という概念は、**動物**という概念の［　②　］。
　理性的とは、**人間**という概念の［　③　］。

　　　　　　①：A，②：B，③：C

■まとめると、概念の本質的定義では、類概念を種差によって限定することによって種概念の定義をする。この種差は、当の種概念（例えば人間）を、同じ類概念（動物）の下位の別の種概念（猿や犬や猫や鳥や魚［…］）から区別する性質であるから、当の概念の本質を示している。

　具体的に言えば、動物という概念は、人間という概念にとっての類概念である。逆に、人間という概念は、動物という概念にとっての種概念である。そこで人間とは何か、という問いに答えるためには、人間とは動物の中でも、他の動物に比べてどういう特徴（本質）すなわち種差をもつ動物かを説明すればよい。その種差は、理性的という性質であるとすれば、人間とは理性的な動物である、というように、人間という概念の本質的定義が成り立つ。

概念の外延と内包

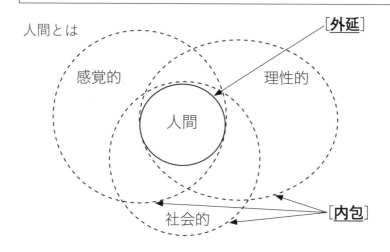

人間とは

[外延]

感覚的　　　　理性的

人間

社会的　　　　[内包]

■概念はその概念に収まる全ての個物の入れ物であり、それに名札（名辞）が付けられていると考えられる。この入れ物を円で描くとするとその円の縁は、その概念の**外延**にあたる。さらにその概念を説明するにあたって用いられる諸々の性質は、その概念の**内包**にあたる。

　例えば、人間という概念であれば、その外延は上図の中央の円となり、内包は人間概念の外延を示す円を取り巻く破線の円となる。理性的なものは人間ばかりか、（西洋の思想では）天使や神を含み、社会的なものは人間ばかりか猿などの集団生活をする生物も含み、感覚的なものは動物ばかりか植物も含むので、人間の外延の円を取り巻く大きな外延の円で示されるわけである。つまり人間概念の内包は、人間概念を内に包んでいるのである。

概念の矛盾と反対

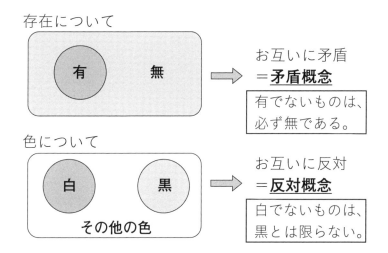

存在について

有　無　→ お互いに矛盾 ＝**矛盾概念**

有でないものは、必ず無である。

色について

白　黒　その他の色　→ お互いに反対 ＝**反対概念**

白でないものは、黒とは限らない。

■概念どうしの関係で紛らわしいのが、矛盾する関係の場合と、反対である関係の場合との区別である。矛盾しあう概念は、一方を否定すると必ず他方が肯定される、という関係にある。これに比べて、反対しあう概念は、一方を否定しても必ずしも他方が肯定されるとは限らない、という関係にある。

　上図で言えば、ものが存在するかしないかについて、「存在する」（有）でないならば、必ず「存在しない」（無）である。つまり「有」と「無」はお互いに対して**矛盾概念**である。これに比べて、色のなかで、白でないならば必ず黒とは限らず、例えば「赤」でもありえる。つまり、白と黒とはお互いに対して矛盾概念ではなく、お互いに対して反対とされるだけの**反対概念**である。

　ただし、相撲の白星と黒星は、お互いに対して矛盾の関係にある矛盾概念だということに注意しなければならない。

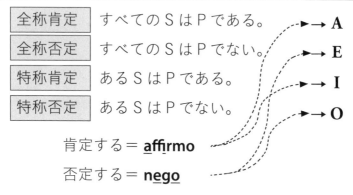

| 判断 | 4つの形式 |

全称肯定　すべてのSはPである。　┈┈▶→ **A**

全称否定　すべてのSはPでない。　┈┈▶→ **E**

特称肯定　あるSはPである。　┈┈▶→ **I**

特称否定　あるSはPでない。　┈┈▶→ **O**

肯定する＝ **affirmo**

否定する＝ **nego**

判断の<u>質</u>：<u>肯定</u>・<u>否定</u>

判断の<u>量</u>：すべて（<u>全称</u>）・ある（<u>特殊</u>）

■文の主語（subject）の概念Sと、述語（predicate）の概念Pとを用いて、上図の4つの判断を作ることができる。（このような判断は後に扱う**仮言判断**、**選言判断**と区別して、**定言判断**と呼ばれる。）

　これらの判断は、全称「すべてのS」か特称「あるS」かという量の観点と、肯定「Pである」か否定「Pでない」かという質の観点との組合せによって形作られている。

　その組合せは**全称肯定**「すべてのSはPである」、**全称否定**「すべてのSはPでない」、**特称肯定**「あるSはPである」、**特称否定**「あるSはPでない」という、4つの判断であり、順にA、E、I、Oというラテン語由来の記号で表される。なおこれらの判断は、真でも偽でもありえる命題の一種だが、伝統的論理学では真という主張を含むので、判断と呼んでおく[3]。

────────

(3) 例えば三段論法では、前提の判断が偽であるという想定をしない。

判断　　　　存在から述定へ

① 存在の判断

翼のある馬が**存在する**。

⬇

（特称肯定）

ある馬（S）は**翼のある**もの（P）**である**。

② 非存在の判断

翼のある馬が**存在しない**。

⬇

○（全称否定）**すべて**の馬は**翼のある**もの**ではない**。

△（全称肯定）**すべて**の馬は**翼のない**もの**である**。

S 馬　　　P 翼のあるもの

ベン図

S　　　　　　　　P

■「〜である」や「〜でない」と言い切る判断を**述定判断**と呼ぶ。これとは別に「〜が存在する」や「〜が存在しない」という判断をとくに**存在判断**と呼ぶ。

　例えば「翼のある馬が存在する」という肯定の存在判断は、「ある馬は翼のあるものである」という特称肯定判断に置きかえることができる。また、「翼のある馬が存在しない」という否定の存在判断は、（A）「すべての馬は翼のあるものでない」という全称否定判断に置きかえることができる。これをさらに（B）「すべての馬は翼のないものである」と全称肯定判断に置きかえることもできるが、先ずは（A）に置きかえられる。

　つまり、存在するとされるものの概念を修飾する語句が述定判断の述語概念となることによって、存在判断は述定判断に置きかえられるのである。

理解の確認　第 2 回

問題 1　「ダイヤモンドは天然の最も硬い鉱物である」という定義文の、「天然の最も硬い」は、鉱物のなかでもダイヤモンドを特定する性質であるが、これを論理学ではなんと呼ぶか。　　　　　　　　　　解答 [　　　　　　　]

問題 2　次の概念を内包の少ない順に並べよ。
　A．実体　B．物体　C．生物　D．動物　E．人間　F．ソクラテス
　　　　　　　　　　　　　解答 [　　　　　　　　　　]

問題 3　上の A ～ E の概念を外延の小さい順に並べよ。
　　　　　　　　　　　　　解答 [　　　　　　　　　　]

問題 4　次の対になる概念どうしは矛盾しているか、反対であるか
　（存在について）有と無 [　　　　]　　（色のなかで）白と黒 [　　　　]
　（行為について）善と悪 [　　　　]　　（数のなかで）実数と虚数 [　　　　]

問題 5　以下の判断を言い換えて [　　　] の中を「すべての」「ある」「である」「でない」のどれかで補って、その判断が全称肯定 (A)、全称否定 (E)、特称肯定 (I)、特称否定 (O) のいずれかを判定せよ

　1　海外旅行する学生もいる。
　　言い換え⇒ [　　　　] 学生 (S) は海外旅行する人 (P) [　　　　　]。
　　判断の種類 [　　　　　　　]
　2　死なない人はいない。
　　言い換え⇒ [　　　　] 人 (S) は死なないもの (P) [　　　　　]。
　　判断の種類 [　　　　　　　]
　3　原子力発電所は安全管理が重要である。
　　言い換え⇒ [　　　　] 原子力発電所 (S) は安全管理が重要 (P) である。
　　判断の種類 [　　　　　　　]
　4　たいがいの最近の子供たちは我慢をすることがない。
　　言い換え⇒ [　　　　] 最近の子供たち (S) は我慢する人 (P) [　　　　　]。
　　判断の種類 [　　　　　　　]
　5　酒酔い運転はすべて許されない。
　　言い換え⇒ [　　　　] 酒酔い運転 (S) は許されること (P) [　　　　　]。
　　判断の種類 [　　　　　　　]

第３回
判断から対当推理へ

1. オイラー図

2. ４種の判断をオイラー図で描く

3. 対当推理をオイラー図で考える

オイラー図

２つの概念（主語概念Ｓと述語概念Ｐ）の外延関係

① (S)P

② (S)(P)

③ (S( )P)

④ S(P)

※主語概念と述語概念が一致する場合は①に含む。

判断形式とオイラー図

A ＝すべての S は P である。
　① (S)P
E ＝すべての S は P でない。
　　　② (S)(P)
I ＝ある S は P である。…少なくとも①③④のどれか。
　① (S)P　② ~~(S)(P)~~　③ (S( )P)　④ S(P)
O ＝ある S は P でない。…少なくとも②③④のどれか。
　① ~~(S)P~~　② (S)(P)　③ (S( )P)　④ S(P)
ただし、I と O を区別するため、I に①、O に②は不可欠。

■ 2つの概念の外延関係を4種類に分けることができたが、その図（前ページ参照）を簡略的に次のように示す。

①概念 S が概念 P の中に含まれる場合 ・・・ (S)P

②概念 S と概念 P が離れる場合 ・・・ (S)(P)

③概念 S と概念 P がお互いを切る場合… (S( )P)

④概念 S が概念 P を包む場合 ・・・S(P)

このようにオイラー図を略記して、4つの形式の判断ができる場合を整理すると、上図のようになる。A と E は分かりやすいが、I と O とは、3つのオイラー図のどれでも成り立つと考えられる。ただし①だけの場合は、もちろん「ある S は P である」ということも言えるのだが、この場合は「すべての S は P である」とする。同様に②だけの場合は、もちろん「ある S は P でない」ということも言えるのだが、この場合は「すべての S は P でない」とする。

４つの判断形式とオイラー図

図	(S)P	(S)(P)	(S( )P	S(P)
全称肯定（A）:	○	×	×	×
全称否定（E）:	×	○	×	×
特称肯定（I）:	○	×	○	○
特称否定（O）:	×	○	○	○

　以上から分かること

(1) すべての図が共に「成り立つ（○）」判断はない。

(2) 「(S)P」と「(S)(P)」が共に成り立つ判断はない。

(3) ①特称肯定と特定するには (S)P が不可欠。

　　② (S( )P)、S(P) のどちらか、または両方がある。

(4) ①特称否定と特定するには (S)(P) が不可欠。

　　② (S( )P)、S(P)のどちらか、または両方がある。

■前頁と同じことであるが、上の表で整理した形で示した。つまり、全称肯定（A）は「(S)P」の場合だけ、全称否定（E）は「(S)(P)」の場合だけといった具合である。そしてこの表から分かる重要なことは、(1) から (4) で示した。(1) と (2) は三段論法の結論が４つの判断のどれかとして成立しているかどうかを判定することに使える。(3) と (4) は、判断が特称肯定か特称否定かを区別するのに使える。

　(3)では**特称肯定判断**と特定するには、オイラー図「(S)P」が不可欠であり、そのうえ他の○印の図が少なくとも１つなければならないこと、(4)では**特称否定判断**と特定するには、オイラー図「(S)(P)」が不可欠であり、そのうえ他の○印の図が少なくとも１つなければならないことが言われている。

　上記のような判断とオイラー図との関係は今後に重要である。

四象限でＡＥＩＯ

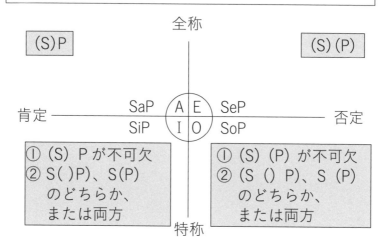

全称

(S)P ⇔ (S)(P)

肯定 ──── SaP ⟨A│E⟩ SeP ──── 否定
SiP ⟨I│O⟩ SoP

① (S) P が不可欠
② S( )P、S(P)
のどちらか、
または両方

① (S) (P) が不可欠
② (S ( ) P)、S (P)
のどちらか、
または両方

特称

【参考】特称判断の図の組合せ

■特称肯定判断：(S)P があり、(S( )P)、S(P)の
どちらか、または両方がある。

　[3つが成り立つ] ①(S)P, (S( )P), S(P)
　[2つが成り立つ] ②(S)P, (S( )P)
　　　　　　　　　③(S)P, S(P)

■特称否定判断：(S)(P)があり、(S( )P)、S(P) の
どちらか、または両方がある。

　[3つが成り立つ] ①(S)(P), (S( )P), S(P)
　[2つが成り立つ] ②(S)(P), (S( )P)
　　　　　　　　　③(S)(P), S(P)

以上のように、特称肯定、特称否定の判断と決まる
場合の図の組合せの数はそれぞれ3つずつである。

推　理

直接推理

1. 対当推理

2. 変形推理

間接推理 ＝ 三段論法

対当推理

【対当推理】オイラー図

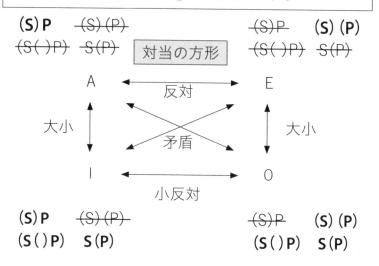

■上記のように、方形の四隅にAEIOの判断を配した図は「対当の方形」と呼ばれる。この方形を用いて4種類の判断の真偽関係を考えるのが、対当推理である。その対当関係には**矛盾対当**、**大小対当**、**反対対当**、**小反対対当**の4つがある。

　上図では、4種類の判断のそれぞれがオイラー図に置きかえて示されている。ここで取り消し線で消されている図は、その判断に含まれていないことを示している。

　これにより例えば**矛盾対当**の真偽関係を見ると、Aが真の場合は「（S）P」だけが成り立つ場合であり、矛盾対当関係にあるOが真だと「（S）P」が成り立ってはならないのであるから、Aが真ならばOが偽となる。逆にOが真の場合には「（S）（P）」が必須で、残り2つの図は少なくとも1つなければならない。ところがAではこれはありえないので、Oが真のときAは偽である。

【対当推理】真から始める

（矢印の**出発点が真**のとき）

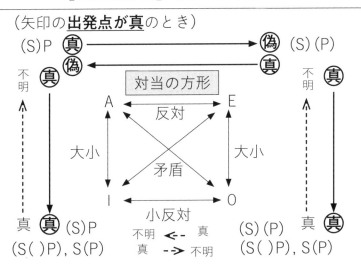

■次に**大小対当**を考える。大小対当では大であるAに対してIが小、大であるEに対してOが小である。そして、Aが真のとき「（S）P」が必ず存在するが、このときIにある残りの2図のどれもAにはないにもかかわらず、「すべてについて真であれば、そのある部分についても真である」（例：すべてが犬なら、その一部も犬）という意味で、Aが真ならばIも真である。つまり「（S）P」の図だけの場合は、本来はAであるが、第二義的にIともみなせる。

　逆にIが真のとき、「（S）P」の図だけでも第二義的にIが真とみなせるので、IにはAと同じ図だけがあってAが真となる場合と、Aと異なる図があってAが偽となる場合とがあるので、Aは真偽不明（真偽不定）となる。

　同様のことがEとOの大小対当についても言える。反対対当と小反対対当とについては、次の頁の下段で説明する。

【対当推理】偽から始める

（矢印の**出発点が偽**のとき）

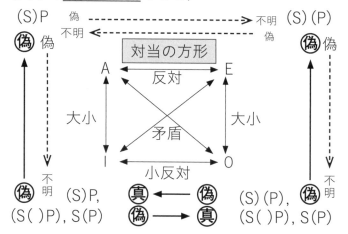

■**反対対当**について。Aが真のときに、「（S）P」が必ず存在し、「（S）（P）」は必ず存在せず、これはEではありえないので、Eは偽である。逆も同様の理由で、Eが真のときAは偽である。

　最後に**小反対対当**について考える。前頁の図で、Iが真のとき、「（S）P」が必ず存在し、Oが真のとき「（S）P」はありえない。したがってIが真ならばOは偽となるかと思える。しかし、IはIに他ならないためには「（S）P」が必ず必要だけれど、「（S）P」がなくて残りの2つの場合には、「あるSはPである」（I）が真、そして「あるSはPでない」（O）も真となるのだから、Iが真ならば必ずOは偽となるわけではなくて、真偽不明（真偽不定）となる。逆にOが真の場合もまた同様にIが真偽不明となる。

　元の判断が偽である場合は、いったん矛盾対当関係の判断が真であることから始めて、反対対当、小反対対当の推理ができる。

【対当推理】対当推理の結果

矛盾対当：**一方が真ならば**、他方は………[偽]
　　　　　一方が偽ならば、他方は………[真]
大小対当：**大が真ならば**、小は…………[真]
　　　　　大が偽ならば、小は…………[真偽不明]
　　　　　小が真ならば、大は…………[真偽不明]
　　　　　小が偽ならば、大は…………[偽]
反対対当：**一方が真ならば**、他方は………[偽]
　　　　　一方が偽ならば、他方は………[真偽不明]
小反対対当：一方が真ならば、他方は……[真偽不明]
　　　　　一方が偽ならば、他方は……[真]

■こうして、対当推理の結果を一覧にすれば上記のようになる。
　（1）相手の真・偽が決定できる場合
・矛盾対当は一方が真ならば、相手は偽である。
・大小対当は大が真ならば、相手も真であり、小が偽ならば、
　相手が同じく偽である。
・反対対当は一方が真ならば、相手が偽である。
・小反対対当は一方が偽ならば、相手は真である。
　（2）相手が真偽不明となる場合は次のように4つだけである。
・大小対当で、大が偽のとき、小が真のとき
・反対対当で、一方が偽のとき
・小反対対当で、一方が真のとき
　これらを覚えておけばよいのだが、いざとなったらオイラー図
から考えて、真か偽か真偽不明かを導き出せばよい。

理解の確認　第3回

問題1　SaP, SeP, SiP, SoP（A, E, I, O）の判断には、アからエのどのオイラー図が該当するか考えて、下の四象限の空欄にアからエのオイラー図を閉じた円で描いて書き入れよ。

オイラー図　ア：(S) P　　　イ：(S) (P)
　　　　　　ウ：(S () P)　　エ：S (P)

SaP:　　　　　　　　　　　　　SeP:

_____

SiP:　　　　　　　　　　　　　SoP:

問題2　以下の1から4の判断が（　）のなかに示すように真または偽であるとする。それぞれの判断の種類をSaPのような記号で表し、それに対して3種類の対等関係にある判断を作り、作った判断の真偽を判定せよ。

1　ある大学生は集中力がない。（真）判断の種類（　　　）
　(1) 矛盾対当　　　　　　　　　　　　　　　　　　　判定
　(2) 小反対対当　　　　　　　　　　　　　　　　　　判定
　(3) 大小対当　　　　　　　　　　　　　　　　　　　判定
2　すべての人は悪人である。（偽）判断の種類（　　　）
　(1) 矛盾対当　　　　　　　　　　　　　　　　　　　判定
　(2) 反対対当　　　　　　　　　　　　　　　　　　　判定
　(3) 大小対当　　　　　　　　　　　　　　　　　　　判定
3　悪貨は良貨を駆逐する。（真）判断の種類（　　　）
　(1) 矛盾対当　　　　　　　　　　　　　　　　　　　判定
　(2) 反対対当　　　　　　　　　　　　　　　　　　　判定
　(3) 大小対当　　　　　　　　　　　　　　　　　　　判定
4　ほとんどの薬は安全である。（真）判断の種類（　　　）
　(1) 矛盾対当　　　　　　　　　　　　　　　　　　　判定
　(2) 小反対対当　　　　　　　　　　　　　　　　　　判定
　(3) 大小対当　　　　　　　　　　　　　　　　　　　判定

第4回
判断を変形する推理
換質、換位、戻換

直接推理
その2.　変形推理
（A）換質法
（B）換位法
（C）戻換（れいかん）法

（A）換質法

換質法
　①質を変える。
　　　　　肯定「である」⇒否定「でない」
　　　　　否定「でない」⇒肯定「である」
　②量（「すべて」と「ある」）は変えない。
　※述語概念の［　　Ⓐ　　］概念を用いるとよい。

> 「SはPである」⇒「Sは非Pでない」
> 「SはPでない」⇒「Sは非Pである」
> 　　　　　└─ 矛盾概念 ─┘

Ⓐ：矛盾

(B) 換位法　[1] 単純換位

<u>換位法</u>のルール　（1）質は変えない

　　　　　　　（2）主語概念 S と述語概念 P を入れ替える。

[1] <u>単純換位</u>……量も変えないでできる場合。

(i) 全称否定 SeP の場合

「<u>すべての</u> S は P <u>でない</u>」⇔「<u>すべての</u> P は S <u>でない</u>」
　　　(S)(P)　　　　　　　⇔　　　　　(P)(S)

(ii) 特称肯定判断 SiP の場合

「<u>ある</u> S は P <u>である</u>」⇔「<u>ある</u> P は S <u>である</u>」

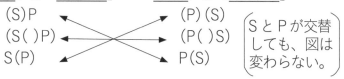

(S)P
(S( )P)
S(P)

(P)(S)
(P( )S)
P(S)

⎧ S と P が交替 ⎫
⎨ しても、図は ⎬
⎩ 変わらない。 ⎭

換位法　[2] 限量換位　[3] 換位不能

[2] <u>限量(減量)換位</u>：「すべて」⇒「ある」

　全称肯定 SaP

　「<u>すべての</u> S は P <u>である</u>」⇒「<u>ある</u> P は S <u>である</u>」
　　　　(S)P　⇒　　　　(P)(S), (P( )S), **P(S)**

[3] <u>換位不能</u>：換位できない。

　特称否定 SoP

　「<u>ある</u> S は P <u>でない</u>」⇎「<u>ある</u> P は S <u>でない</u>」
　　　(S)(P)　　　　　　(P)(S)　⎧ S と P が交替し ⎫
　　<u>S(P)</u> ⟵——/——⟶ **P(S)**　⎨ た図は A、E、 ⎬
　　(S( )P)　　　　　　(P( )S)　⎩ I、O でない。 ⎭

※<u>換位換質法</u>：換位をしてから換質する。

　<u>換質換位法</u>：換質をしてから換位する。

（C）戻換法（逆換法）

戻換(れいかん)**（逆換）法**
　1）**すべての** S は P である
　　　→ **ある**非 S は P ［　　　ⓐ　　　］
　　　（換質→換位→換質→換位→換質）

　2）**すべての** S は P でない
　　　→ **ある**非 S は P ［　　　ⓑ　　　］
　　　（換位→換質→換位）

　　　　　　　　　　　　　　　ⓐ：でない　ⓑ：である

戻換法（逆換法）の導出

○主語 S の矛盾である**非 S を主語**とする判断を導く。
（**A**）すべての S は P である。
　→（換質：E）すべての S は非 P でない。
　→（単純換位：E）**すべての非 P は** S でない。
　→（換質：A）すべての非 P は非 S である。
　→（限量換位：I）ある非 S は非 P である。
　→（換質：O）ある非 S は P でない。
（**E**）すべての S は P でない。
　→（単純換位：E）**すべての P は** S でない。
　→（換質：A）すべての P は非 S である。
　→（限量換位：I）ある非 S は P である。

全称の単純換位

戻換法をオイラー図で考える

すべての S は P である。　すべての S は P でない。

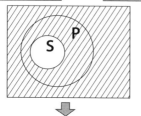

斜線部分が非 S である。　斜線部分が非 S である。

ある非 S は P でない。　　ある非 S は P である。

戻換法の注意

すべての S は P である。　すべての S は P でない。

ある非 S は P である。　　ある非 S は P でない。

とはならない！

【理由】「である」→「でない」、「でない」→「である」というように質を変えねばならないのは、S の外延と P の外延が重なる場合もあるから。（上図参照）

理解の確認　第 4 回

問題 1
（1）以下の判断を換質せよ。
1　ある商品には定価が表示されていない。
2　すべての生物は不死でない。
3　すべての天体は運動している。
4　ある小説家は天才である。
（2）以下の判断を換位せよ。
1　ある政治家は公約を破る。
2　すべての警察官は飲酒運転をしない。
3　すべての学生は学生証を持っている。
4　『草枕』の著者は夏目漱石である。
5　ある生物は水棲でない。

問題 2　以下の判断を換位換質せよ。
1　ある看護士は女性でない。
　　　→（換位）
　　　　　→（換質）
2　万物は永劫に流転する。
　　　→（換位）
　　　　　→（換質）
3　ある人は新型肺炎で死ぬ。
　　　→（換位）
　　　　　→（換質）
4　クレタ人はすべて正直でない。
　　　→（換位）
　　　　　→（換質）

問題 3　以下の判断を換質換位せよ（その最終結果を書き入れよ）。
1　ある高校教師は学者である。
2　すべての善人は長生きしない。
3　ある善行は表彰されない。
4　すべての商売は営利的である。

問題 4　以下の判断を戻換（逆換）せよ。
1　すべての犯罪は許されない。
2　ある人は囲碁が好きである。
3　すべてのスポーツマンはルールを守る。
4　ある音楽は騒音である。

第5回
オイラー図で
三段論法

1. 三段論法の格、式
2. オイラー図で考える
3. 正しい三段論法か調べる

三段論法 (間接推理)

〈三段論法＊の例〉

大前提：すべての人間（M）は死ぬ（P）。

小前提：ソクラテス（S）は人間（M）である。

論理的必然性

結 論：ゆえに、ソクラテス（S）は死ぬ（P）。

＊定言判断を用いるので、**定言三段論法**と呼ばれる。

a) 3つの概念を使う。

大概念（P）、中概念（媒概念：M）、小概念（S）

b) 3つの判断から成る。大前提、小前提、結論

c) 大前提と小前提から結論が必然的に導かれる。

三段論法の格、式

○格 (figure)

$$
\begin{array}{cccc}
\text{M}-\text{P} & \text{P}-\underline{\text{M}} & \text{M}-\text{P} & \text{P}-\underline{\text{M}} \\
\text{S}-\underline{\text{M}} & \text{S}-\underline{\text{M}} & \underline{\text{M}}-\text{S} & \underline{\text{M}}-\text{S} \\
\therefore\text{S}-\text{P} & \therefore\text{S}-\text{P} & \therefore\text{S}-\text{P} & \therefore\text{S}-\text{P} \\
\text{第1格} & \text{第2格} & \text{第3格} & \text{第4格}
\end{array}
$$

○式 (mode)：それぞれの格において、大前提・小前提・
　結論のそれぞれに A，E，I，O を当てはめたもの。

（例）┌ MaP（すべての M は P である）
　　　├ SaM（すべての S は M である）
　　　└ ∴SaP（ゆえに、すべての S は P である）

　　　※主語と述語の概念間の a は全称肯定判断（A）
　　　を示す。これは第1格の aaa の式である。

【問題】A，E，I，O の4つの判断を用いて、格と式の
　組合せはいくつ作れるだろうか。

■三段論法は大前提、小前提、結論の3つの判断からなる。そし
て、それぞれの判断にA，E，I，O の4種類の判断がありえるの
で、1つの**格**について、4の3乗の数すなわち64通りの**式**を考
えることができる。しかもその格もまた4種類あるので、さらに
4倍して、256通りの三段論法の**格式**が考えられる。

　しかし、これらの三段論法の格式が妥当な推理であるかは調べ
る必要がある。そこで調べ方であるが、どの大前提と小前提の組
合せが、正しい推理によって、どの結論を導けるかを調べる方法
がある。この場合、大前提と小前提の判断の組合せは格ごとに
$4 \times 4 = 16$ 通りあるので、これを4つの格で4倍した64通りの
格式を調べればよい。

【復習】オイラー図

2つの概念（主語概念 S と述語概念 P）の外延関係

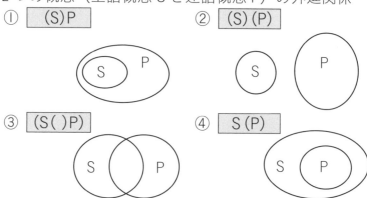

① (S)P
② (S)(P)
③ (S( )P)
④ S(P)

※主語概念と述語概念が一致する場合は①に含む。

【復習】4つの判断形式とオイラー図

図	(S)P	(S)(P)	(S( )P)	S(P)
全称肯定（A）:	○	×	×	×
全称否定（E）:	×	○	×	×
特称肯定（I）:	○	×	○	○
特称否定（O）:	×	○	○	○

　以上から分かること

(1) すべての図が共に「成り立つ（○）」判断はない。

(2) 「(S)P」と「(P)(S)」が共に成り立つ判断はない。

(3) ①特称肯定と特定するには (S)P が不可欠。

　　②(S( )P)、S(P) のどちらか、または両方がある。

(4) ①特称否定と特定するには (S)(P) が不可欠。

　　②(S( )P)、S(P)のどちらか、または両方がある。

三段論法の結論はどの判断か

【1】結論で［(S)(P)］と［(S)P］が共に成り立つのでなければ、そしてどちらかがあれば、結論が成立。
そのうえで結論に

【2】［(S)(P)］がなければ、結論は**肯定判断**であり、さらに結論が［(S)P］だけならば、結論は**全称肯定判断**、それ以外もあれば、**特称肯定判断**である。

【3】［(S)P］がなければ、結論は**否定判断**であり、さらに結論が［(S)(P)］だけならば、結論は**全称否定判断**、それ以外もあれば、**特称否定判断**である。

正しいか誤りか、調べてみよう(1)

(大前提)動物(**P**)は生物(**M**)である。
(小前提)人間(**S**)は生物(**M**)である。
　×　・・・**論理的必然性（妥当性）があるだろうか。**
(結論)ゆえに人間(S)は動物(P)である。
　　　　　　　・・・妥当な推理ではない！

成り立つオイラー図

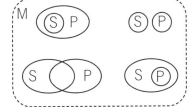

両前提から(S)Pの場合と(S)(P)の両方が出てくるので、論理的に妥当な推理はできない。

正しいか誤りか、調べてみよう(2)

尊敬される人(P)は善人(M)だ。
ある善人(M)は人を助ける(S)。
ゆえに、人を助ける人(S)は 尊敬される(P)。

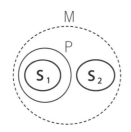

両前提から、(S)Pの場合と
(S)(P)の両方が成り立つ
ので、論理的に妥当な推理
はできない。

正しいか誤りか、調べてみよう(3)

語学のできる人(M)は根気がある(P)。
彼(S)は語学ができる人(M)でない。
ゆえに、彼(S)は根気があるの(P)でない。

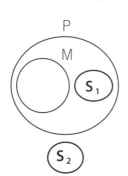

両前提からの結論では、小概念の
Sは、S_1 でも、S_2 でもいい。すると、
外延からみて、大概念Pに小概念
Sがすべて含まれる場合がありえ、
しかも、大概念に小概念がまった
く含まれない場合もありえる。こ
の場合には、A, E, I, Oの判断になら
ず、妥当な推理はできない。

正しいか誤りか、調べてみよう（4）

アメリカ人（M）は日本人（P）でない。
中国人（S）はアメリカ人（M）でない。

ゆえに、中国人（S）は日本人（P）でない。

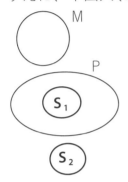

両前提から、小概念のSは、S_1でも、S_2でもいい。すると、外延からみて、(S)P「すべての中国人は日本人である」場合も、(S)(P)「すべての中国人は日本人でない」場合もありえる。この2つの場合がありうる判断は、A, E, I, Oにはないので、妥当な推理はできない。

正しいか誤りか、調べてみよう（5）

［大前提］ある人間は長生きでない。

［小前提］すべての人間は死ぬ。

［結　論］ゆえに、ある死ぬ人は長生きである。

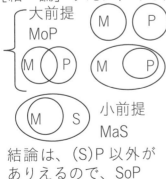

大前提
MoP

小前提
MaS

結論は、(S)P以外がありえるので、SoP

この場合、大前提 MoP と小前提 MaS から結論を導き出せる。ただしその結論は、SoP でなければならない。しかし上記推理の結論を見ると、SiP である。したがって、上記推理は妥当な推理ではない。

【探究】

三段論法（格式）は
妥当なものがいくつか

■妥当な（正しい）三段論法は論理的必然性をもって結論を導く。
では、妥当な三段論法の格式の数を知るにはどうすればよいか。
　ここでは次のように場合分けしてオイラー図で考える。

A. 大前提が全称判断
　　1. 大前提が MaP の場合
　　2. 大前提が PaM の場合
　　3. 大前提が MeP/PeM の場合
B. 大前提が特称判断
　　4. 大前提が MiP/PiM の場合
　　5. 大前提が MoP の場合
　　6. 大前提が PoM の場合

以上の6つの場合で場合は尽くされており、それぞれの場合に結
論を導ける小前提の判断形式がいくつあるかを以下で調べる。

1. 大前提が MaP の場合（4 通り）

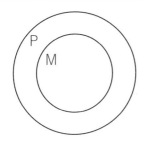

小前提が全称否定、特称否定の場合には、結論に (S) P と (S)(P) の両方が出てくるので、妥当な推理はできない。

小前提	→	結論
① SaM	→	SaP
② MaS	→	SiP
③ SiM	→	SiP
④ MiS	→	SiP

2. 大前提が PaM の場合（4 通り）

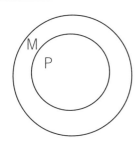

小前提が全称否定、特称否定の場合には、結論に (S) P と (S)(P)の両方が出てくるので、妥当な推理はできない。

小前提	→	結論
① MaS	→	SiP[4]
② MeS	→	SeP
③ SoM	→	SoP
④ SeM	→	SeP

---

(4) 結論が SoP でないことについては、本書 55 頁を参照。

3. 大前提が MeP/PeM の場合（8 通り）

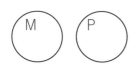

小前提が全称否定、特称否定の場合には、結論に(S)Pと(S)(P)の両方が出てくるので、妥当な推理はできない。

小前提 → 結論
① SaM　　→ SeP
② MaS　　→ SiP
③ SiM　　→ SiP
④ MiS　　→ SiP

上記の大前提が MeP の場合は、大前提の PeM の場合にも同様に成り立つ。

4. 大前提が MiP/PiM の場合（2 通り）

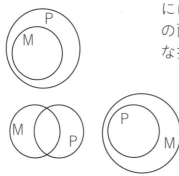

小前提が MaS 以外の場合には、結論に (S)P と (S)(P)の両方が出てくるので、妥当な推理はできない。

小前提 → 結論
① MaS　　→ SiP
※1. このとき S 全体が P の外に出られない。
※2. 大前提が 2 通りあるので、結果は 2 通りとなる。

【ヒント】小前提が否定判断だと、S と P が完全に離れる場合がある。

5. 大前提が MoP の場合（1 通り）

小前提が MaS 以外の場合には、結論に (S)P と (S)(P) の両方が出てくるので、妥当な推理はできない。

小前提 → 結論
① MaS 　　→ SoP
※このとき S 全体が P の中に入れない。

【ヒント】小前提が否定判断のとき、S と P が完全に離れる場合がある。

6. 大前提が PoM の場合（0 通り）

小前提がどの判断の場合にも、結論に (S)P と (S)(P) の両方が出てくるので、妥当な推理はできない。

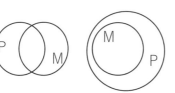

【ヒント】①小前提が否定判断のとき、S は M と離れる場合がある。
②小前提が肯定判断のとき、S が P の中に入る場合がある。

結論

以上により、(定言)三段論法による妥当な推理は都合 **19 通り**ある。(伝統的にはこれら19 通りが暗誦された。)

ただし対当推理の大小関係により、結論が全称肯定の場合には特称肯定に、全称否定の場合には特称否定に変換できるので、結論を次のように 変換する場合も加えれば、**24 通り**ある。
SaP → SiP・・・1 つ
SeP → SoP・・・4 つ

■正しい三段論法の格式が 19 通りなのか、24 通りなのか、紛らわしいと思われる。これはどういうことなのか。

19 通りというのは、2 つの前提の組合せの場合の数 64 通りを調べて導き出された数である。しかし結論の判断の 4 種類を考慮すると、正しい三段論法の格式はさらに 5 つ増やすべきである。

その理由は上記のように、先に出た正しい 19 通りの格式の中に、全称肯定の結論のものが 1 つ、全称否定の結論のものが 4 つあるので、それらを大小対当の推理によって特称肯定や特称否定に変換できるからである。

これにより正しい三段論法の格式は 24 通りとなる。ただし結論の判断形式も考慮した全部で 256 通りの格式のなかでの 24 通りである。これに比べて、上述のオイラー図で調べて出た数 19 通りは、二前提の組合せ 64 通りの格式のなかでの数である。

理解の確認　第 5 回

問題　以下の定言三段論法の正誤（妥当であるかないか）をオイラー図で調べよ。

1　犬は動物である。猫は動物である。ゆえに猫は犬である。
　S：
　P：
　M：

2　すべて尊敬される人は善人だ。ある善人は困った人を助ける。それゆえ、困った人を助ける人は尊敬される。
　S：
　P：
　M：

3　語学のできる人は根気がある。彼は語学ができない。ゆえに彼は根気がない。
　S：
　P：
　M：

4　すべてのアメリカ人は日本人でない。すべての中国人はアメリカ人でない。ゆえに中国人はすべて日本人でない。
　S：
　P：
　M：

第6回
三段論法の誤謬を発見

1. 概念の周延と不周延
2. 量の公理
  a. 媒概念不周延の誤謬
  b. 小概念不当周延の誤謬
  c. 大概念不当周延の誤謬

3. 質の公理
  a. 否定二前提の誤謬
  b. 不当肯定の誤謬
  c. 不当否定の誤謬

■三段論法の誤謬を伝統的論理学では概念が周延しているか不周延であるかの区別を用いて考えられた。そのさい、判断の量（全称・特称）の観点と、判断の質の観点とで論ぜられ、量の公理、質の公理で誤謬推理となる三段論法が示される。

　ところで、オイラー図では、概念の周延・不周延を用いずに、概念の外延を図形化して考えた。したがって、これからの考察は、オイラー図で三段論法を行う場合には不要である。

　しかし以下では、伝統的論理学が論じている誤謬推理論がオイラー図でも説明できることを示すことで、オイラー図で三段論法をすることが、伝統的論理学で考えられたことと一致することが分かる。

　したがって、概念の周延・不周延によって考えられる公理を用いずに、それと同等のことをオイラー図だけで行えるのである。

【復習】オイラー図で正しい三段論法

ポイント！

> P（大概念）と M（中概念）と S（小概念）の外
> 延を示す円を作図して、**(S) P の図と (S)(P)**
> **の図とが共にありえるならば、その三段論法**
> **は誤である（妥当でない）**。

〈理由〉A、E、I、O のオイラー図を見ると、**(S) P** と
(S)(P) の図の両方が成り立つ場合はなく、しかも、
どちらかだけが成り立っていれば、残りの(S( )P)と
S(P)の図は、成り立とうが、成り立たなかろうが、A、
E、I、O のいずれかの判断が成立するから。

【復習】三段論法の結論はどの判断か

【I】結論で[(S)(P)]と［(S)P］が共に成り立つので
なければ、そしてどちらかがあれば、結論が成立。
そのうえで結論に

【2】［(S)(P)］がなければ、結論は**肯定判断**であり、
さらに結論が[(S)P]だけならば、結論は**全称肯定**
判断、それ以外もあれば、**特称肯定判断**である。

【3】［(S)P]がなければ、結論は**否定判断**であり、
さらに結論が［(S)(P)］だけならば、結論は**全称**
否定判断、それ以外もあれば、**特称否定判断**であ
る。

1. 概念の周延と不周延

周延している (distributed)	概念のすべてのメンバーを指すよう に概念が用いられていること。

概念が周延であるとき、その概念の外延が確定する。

① 「**すべての**Sは‥‥」　⇒（Sは**周延**）
　　「あるSは‥‥」　　　⇒（Sは不周延）
② 「‥‥Pである。」　　　⇒（Pは不周延）
　　「‥‥P**でない**。」　　⇒（Pは**周延**）

【ヒント】「P**でない**」と断定す
るためには、Pの要素をすべて
知っていなければならない。

■**伝統的論理学**では、概念の周延と不周延を用いて三段論法の誤
謬について考える。概念の周延・不周延は概念に対応するメンバー
（要素、個物）がすべて指示されている（知られている、数え上
げられている）ものとして用いられているか、そうでないか、と
いう点に留意している。（これは、**認識論**的な考察と言えよう。）

　これに比べて、以上で見た**オイラー図**の場合には、概念の外延
どうしの関係に注目しており、推理の誤謬についても以下に見る
ように周延・不周延で考える場合と同じ結果が導かれる。(これは、
二次元での2つの円による**トポロジー**的考察と言えよう。)

　この後に**ベン図**での考察をする。これは先に見た「存在判断」
から「述定判断」への変換（17頁）を逆にして、「存在判断」で
推理をする。その結果は後に見るが、概念の周延・不周延で考察
する場合と同じである。（これは**存在論**的な考察と言えよう。）

2. 量の公理 (a, b, c)

(1) **媒概念(中概念 M)は少なくとも１回周延していなければならない。** (量の公理１)

⇒（a）媒概念不周延の誤謬

(2) **大小概念(P・S)はそれぞれ前提で不周延なら結論でも不周延でなければならない。** (量の公理2)

※前提で知られていない概念の要素（元）を、結論では知っている、とすることはできないから。

⇒（b）小概念不当周延の誤謬
⇒（c）大概念不当周延の誤謬

a. 媒概念不周延の誤謬 (M の図に注目)

媒概念Ｍが１回でも周延すれば、そのメンバーはすべて知られ、その外延が描ける。

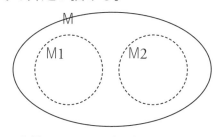

※**破線**で囲った概念は**不周延**である。

大前提の媒概念（M1）と小前提の媒概念（M2）が両方とも不周延のとき、媒概念（M）のメンバーが不明確だから、媒概念の外延が描けない。

三段論法ができない。

媒概念不周延の誤謬（オイラー図で説明）

媒概念が共に不周延の場合は、以下の（A）（B）（C）

　（A）大前提、小前提が
「〜はMである」の場合

右上図のようにSもPもMに包含されえる。それゆえ、
［(S)P］と［(S)(P)］とが共に成り立ちえる。……①

　（B）大前提、小前提が
「あるMは〜」と「〜は
Mである」の組の場合

右図のような場合が
ありえる。それゆえ、
成り立ちえる。……②

「あるMはP」　「PはMである」
「SはMである」「あるMはS」
［(S)P］と［(S)(P)］とが共に

（次の段に続く）

媒概念不周延の誤謬（オイラー図で説明）

　（C）大前提、小前提と
も「あるMは〜」の場合

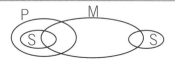

右上図のような場合がありえる。それゆえ、［(S)P］
と［(S)(P)］とが共に成り立ちえる。…③

　以上の(A)の①、(B)の②、(C)の③より、媒概念が
2つとも不周延の場合はいずれも、［(S)P］の場合と
［(S)(P)］の場合が共にありえる。
　それゆえ、三段論法における大前提と小前提の2
つの媒概念が共に不周延の場合には、結論が導けない。

b. 小概念不当周延の誤謬（オイラー図で説明）

小前提で小概念Ｓが不周延の場合は、次の三通り。
(A) あるＳはＭである（でない）。
(B) あるＭはＳである。
(C) すべてのＭはＳである。

　(A)のとき、[S(M)] が可能なので、Ｓの範囲は無限に広がりえる。この可能性の下では、大概念ＰとＭとの間でＰがどのような範囲でも、ＳがＰに包含（ＳとＰとの一致も含む）される [(S)P] はありえず、ＳとＰが離れる場合 [(S)(P)] もありえない。それゆえ「すべてのＳはＰである」や「すべてのＳはＰでない」となりえず、結論でＳが周延となりえない。…①

（次の段に続く）

小概念不当周延の誤謬（オイラー図で説明）

　(B)のとき、ＭとＳの間で可能でなければならない関係を表すオイラー図は(A)のときと同じである。したがって、(A)と同じ理由で、(B)のときに結論でＳが周延であることはありえない。…②

　(C)のとき、[(M)S] であるから、Ｓの範囲は無限に広がりえる。したがって、(A)と同じ理由で、(C)のときに結論でＳが周延であることはありえない。…③

　以上の①②③より、小前提で小概念Ｐが不周延のすべての場合に、結論でＳが周延であることはありえない。したがって、もしＳが結論で周延になっていれば、それは小概念不当周延である。

c. 大概念不当周延の誤謬（オイラー図で説明）

大前提で大概念 P が不周延の場合は次の三通り。
　(A) ある P は M である（でない）。
　(B) ある M は P である。
　(C) すべての M は P である。
　(A)のとき、[P(M)]が可能なので、P の範囲は無限に広がりえる。この可能性の下では、小概念 S と M との間で S がどのような範囲でも、S と P が離れる[(S)(P)]はありえない。それゆえ (A)のときに結論で P が周延である（「…S は P でない」）ということはありえない。…①

（次の段に続く）

大概念不当周延の誤謬（オイラー図で説明）

　(B)のとき、M と P の間で可能でなければならない関係を表すオイラー図は (A)のときと同じである。したがって、(A)と同じ理由で、(B)のときに結論で P が周延であることはありえない。…②
　(C)のとき、[(M)P] なので、P の範囲は無限に広がりえる。したがって、(A)と同じ理由で、(C)のときに結論で P が周延であることはありえない。…③
　以上の①②③より、大前提で大概念 P が不周延のすべての場合に、結論で P が周延であることはありえない。したがって、もし P が結論で周延になっていれば、それは大概念不当周延である。

3. 質の公理 （a, b, c）

否定の数は前提と結論で同じでなければならない。
（質の公理）

> (a)否定二前提の誤謬
> (b)不当肯定の誤謬
> (c)不当否定の誤謬

a. 否定二前提の誤謬 （オイラー図で説明）

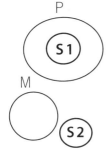

二前提がともに否定判断の場合には、MとPとが離れる場合がありえる。しかもMとSとが離れる場合がありえる。したがって、左図のように、Pの外延の中にSの外延が入る場合(S1)と、Pの外延の外にSの外延が出る場合(S2)との両方がありえる。これでは、結論の判断は、A, E, I, Oのいずれにもならない。それゆえ、否定二前提の場合に結論を導くのは妥当でない。

b. 不当肯定の誤謬 （オイラー図で説明）

前提に否定判断が１つあるのに、結論が肯定判断になっている推理は誤謬である（妥当でない）。

【1】(M) (P) がありえる場合、(S) (P) もありえる。
【2】(M) (S) がありえる場合、(S) (P) もありえる。

結論が肯定判断ではありえない。

c. 不当否定の誤謬 （オイラー図で説明）

二前提が共に肯定判断の場合には、結論が否定判断の三段論法は誤謬である（妥当でない）。

【理由】[(M) P や (P) M] と [(M) S や M (S)] とを組み合わせた４通りの場合（４つの格）で調べると、第４格で大前提 [PaM]、小前提 [MaS] の場合（…Q）を除けば、結論に [(S) P] の場合があるから、結論が出れば肯定判断。しかも Q の場合、結論は特称肯定判断となる。（次の頁を参照）

二前提が共に肯定判断の場合には、三段論法の結論は肯定判断である。

不当否定の誤謬（オイラー図で説明）

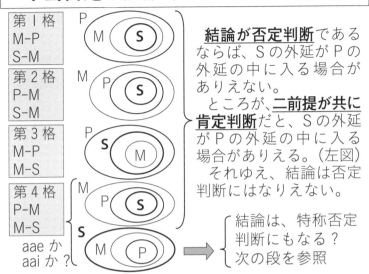

第 1 格 M-P S-M	
第 2 格 P-M S-M	
第 3 格 M-P M-S	
第 4 格 P-M M-S	

aae か
aai か ?

結論が否定判断である
ならば、Ｓの外延がＰの
外延の中に入る場合が
ありえない。
　ところが、**二前提が共に
肯定判断**だと、Ｓの外延
がＰの外延の中に入る
場合がありえる。（左図）
　それゆえ、結論は否定
判断にはなりえない。

｛ 結論は、特称否定
判断にもなる？
次の段を参照

第 4 格の aae について

PaM	すべての犬(P)は動物(M)である。
MaS	すべての動物(M)は生物(S)である。
SeP	ゆえに、ある生物(S)は犬(P)でない。

この推理は妥当であって**不当否定の誤謬**ではない？

PaM	すべての犬(P)は dog(M)である。
MaS	すべての dog(M)は Hund(S)である。
SeP	ゆえに、ある Hund(S)は犬(P)**でない。**

　※ dog は英語、Hund はドイツ語での犬。
　2 番目の例の推理のように、ＳとＰの外延がＭと一
致する場合を考慮すると、この**格式**（第 4 格の aae）
の三段論法には**妥当性（論理的必然性）**がない。
　※ただし、結論が特称肯定であれば、妥当な推理。

問題（1）次の定言三段論法の正誤（妥当性）を調べて、誤の場合には何の誤謬か記せ。（大概念 P、中概念 M、小概念 S、も記せ。）さらに、（2）オイラー図でも、正誤を吟味せよ。

1　悪いやつほどよく眠る。彼はよく眠るから、悪いやつに相違ない。

　（1）S:　　　　　　　　（2）

　　　P:

　　　M:

2　この百科事典の執筆者はすべて一流の学者である。彼はこの百科事典の執筆者ではない。ゆえに彼は一流の学者ではない。

　（1）S:　　　　　　　　（2）

　　　P:

　　　M:

3　ある嘘をつく人は借金を返さない。ある嘘をつく人は口が上手である。ゆえに口が上手な人は借金を返さない。

　（1）S:　　　　　　　　（2）

　　　P:

　　　M:

4　ある人々は山が好きだ。ある人々は海が好きだ。ゆえに山が好きな人々のなかには海が好きな人もいる。

　（1）S:　　　　　　　　（2）

　　　P:

　　　M:

第7回
オイラー図で
三段論法の表

オイラー図の表を作って問題を解いてみる

【問題】次の定言三段論法の正誤（妥当性）をオイラー図
で調べよ。さらに、伝統的論理学の誤謬論だと何の誤謬か
答えよ。

1　人を殺す者は死刑に処せられる。死刑を執行する者は
人を殺す者である。ゆえに死刑を執行する者は死刑に処せ
られる。

2　薬物を使用する選手は一位になる。彼は一位だったの
だから、彼は薬物を使ったのだ。

3　ナポレオンだって人間だ。ぼくも人間だ。だからぼく
だってナポレオン位のことができないはずはない。

4　すべて尊敬される人は善人だ。ある善人は困った人を
助ける。それゆえ困った人を助ける人は尊敬される。

5　語学のできる人は根気がある。彼は語学ができない。
ゆえに彼は根気がない。

6　イヌは四つ足である。イヌは動物である。ゆえにすべての動物は四つ足である。

7　すべての動物には理性がない。人間は動物である。ゆえに人間には理性がない。

8　すべてのアメリカ人は日本人でない。すべての中国人はアメリカ人でない。ゆえに中国人はすべて日本人でない。

※これらの問題を下記の表を使って解く。この表ではパターンの欄にあるように、オイラー図の左上の図、右上の図、左下の図、右下の図、という順番で、大前提、小前提、結論について成り立つオイラー図を、左から埋めていく形になっている。

オイラー図で三段論法の表

パターン	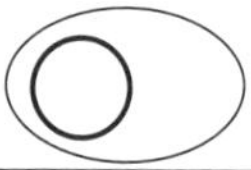		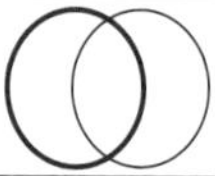	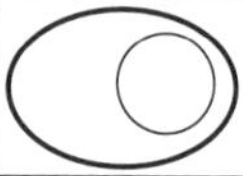
大前提	(□)□	(□)(□)	(□()□)	□(□)
小前提	(□)□	(□)(□)	(□()□)	□(□)
結　論	(S)P	(S)(P)	(S()P)	S(P)

※□は左が主語概念、右が述語概念で、大前提ではPとM、小前提ではSとMのいずれかが主語概念となり、残りが述語概念となる。

問題1の解答例

（大前提）人を殺す者は死刑に処せられる。
（小前提）死刑を執行する者は人を殺す者である。

S: 死刑執行人 P: 死刑になる人 M: 人を殺す者

大前提	(M)P		
小前提	(S)M		
結　　論	(S)P		

　所与の「結論」が導けるかのようであるが、しかしこの場合には媒概念が大前提と小前提とで異なる（法律に従っているか、いないかという意味で）とみなせるので、媒概念曖昧の誤謬[5]。

問題2の解答例

（大前提）薬物を使用する選手は一位になる。
（小前提）彼は一位だった。

S: 彼 P: 薬物を使用する選手 M: 一位の人

大前提	(P)M		
小前提	(S)M		
結　　論	(S)P	(S)(P)	(S( )P)	S(P)

　結論に「(S)P」と「(S)(P)」の場合があるので、そもそも結論は導けない(A, E, I, O にならない)。
　伝統的論理学では、媒概念不周延の誤謬。

---

(5) S と P に二種類の M が加わるので、「四個概念の誤謬」とも呼ぶ。

（大前提）ナポレオンだって人間だ。
（小前提）ぼくも人間だ。

S: ぼく P: ナポレオン M: 人間

大前提	(P)M			
小前提	(S)M			
結　　論	(S)P	(S)(P)	(S( )P)	S(P)

結論に「(S)P」と「(S)(P)」の場合があるので、そもそも結論は導けない（A, E, I, O にならない）。

伝統的論理学では、媒概念不周延の誤謬。
※「ぼくはナポレオンと同一」ということは導けない。

（大前提）すべて尊敬される人は善人だ。
（小前提）ある善人は困った人を助ける。

S: 困った人を助ける人 P: 尊敬される人 M : 善人

大前提	(P)M			
小前提	(M)S		(M( )S)	M(S)
結　　論	(S)P	(S)(P)	(S( )P)	S(P)

結論に「(S)P」と「(S)(P)」の場合があるので、そもそも結論は導けない（A, E, I, O にならない）。

「困った人を助ける人は尊敬される」と結論づけるのは、媒概念不周延の誤謬と小概念不当周延の誤謬。

問題 5 の解答例

（大前提）語学のできる人は根気がある。
（小前提）彼は語学ができない。

S: 彼 P: 根気がある人 M: 語学のできる人

大前提	(M)P			
小前提		(S)(M)		
結　論	(S)P	(S)(P)	(S( )P)	

結論に「(S)P」と「(S)(P)」の場合があるので、
そもそも結論は導けない(A, E, I, O にならない)。

伝統的論理学では、「彼は根気がない」と結論づけるのは、大概念不当周延の誤謬。

問題 6 の解答例

（大前提）イヌは四つ足である。
（小前提）イヌは動物である。

S: 動物 P: 四つ足 M: イヌ

大前提	(M)P			
小前提	(M)S			
結　論	(S)P		(S( )P)	S(P)

結論は特称肯定で、「ある動物は四つ足である」
と導ける。しかし「すべての動物は四つ足である」
と導くのは妥当な推理でない。

伝統的論理学では、小概念不当周延の誤謬。

問題 7 の解答例

（大前提）すべての動物には理性がない。
（小前提）人間は動物である。

　S: 人間 P: 理性をもつもの M: 動物

大前提		(M) (P)	
小前提	(S) M		
結　　論		(S) (P)	

　結論は全称否定で、「すべての人間は理性がない」と導けるようだが、しかし実は「動物」概念が大前提と小前提とで異なる（動物に人間を含めているか、いないかで）ので、結論は導けない。

　これは、伝統的論理学では、媒概念曖昧の誤謬。

問題 8 の解答例

（大前提）すべてのアメリカ人は日本人でない。
（小前提）すべての中国人はアメリカ人でない。

　S: 中国人 P：日本人 M：アメリカ人

大前提		(M) (P)		
小前提		(S) (M)		
結　　論	(S) P	(S) (P)	(S ( ) P)	S (P)

　結論に「(S) P」と「(S) (P)」の場合があるので、そもそも結論は導けない（A, E, I, O にならない）。

　伝統的論理学では、否定二前提の誤謬。

理解の確認　第7回

問題　定言三段論法の正誤（妥当性）をオイラー図で調べよ。さらに、伝統的論理学の誤謬論だと何の誤謬か答えよ。

1　人を殺す者は死刑に処せられる。死刑を執行する者は人を殺す者である。ゆえに死刑を執行する者は死刑に処せられる。

S:　　　　　　　　　　　　　P:　　　　　　　　　M:

大前提				
小前提				
結　論				

2　薬物を使用する選手は一位になる。彼は一位だったのだから、彼は薬物を使ったのだ。

S:　　　　　　　　　　　　　P:　　　　　　　　　M:

大前提				
小前提				
結　論				

3　ナポレオンだって人間だ。ぼくも人間だ。だからぼくだってナポレオン位のことができないはずはない。

S:　　　　　　　　　　　　　P:　　　　　　　　　M:

大前提				
小前提				
結　論				

4　すべて尊敬される人は善人だ。ある善人は困った人を助ける。それゆえ困った人を助ける人は尊敬される。

S:　　　　　　　　　　　　　P:　　　　　　　　　M:

大前提				
小前提				
結　論				

5　語学のできる人は根気がある。彼は語学ができない。ゆえに彼は根気がない。

S:　　　　　　　　　　P:　　　　　　　　　M:

大前提			
小前提			
結　論			

6　イヌは四つ足である。イヌは動物である。ゆえにすべての動物は四つ足である。

S:　　　　　　　　　　P:　　　　　　　　　M:

大前提			
小前提			
結　論			

7　すべての動物には理性がない。人間は動物である。ゆえに人間には理性がない。

S:　　　　　　　　　　P:　　　　　　　　　M:

大前提			
小前提			
結　論			

8　すべてのアメリカ人は日本人でない。すべての中国人はアメリカ人でない。ゆえに中国人はすべて日本人でない。

S:　　　　　　　　　　P:　　　　　　　　　M:

大前提			
小前提			
結　論			

第8回
直接推理を
ベン図で考える

1. 存在仮定とベン図

2. 対当推理をベン図で考える

3. 変形推理の戻換法をベン図で考える

■オイラー図では、概念の外延どうしの関係に注目したが、ベン図では、次のように**述定判断**をすべて**存在判断**に変形して、要素の存在に注目して推理を行う。

①「すべてのSはPである」→「PでないようなSは存在しない」

②「すべてのSはPでない」→「PであるようなSは存在しない」

③「あるSはPである」→「PであるようなSが存在する」

④「あるSはPでない」→「PでないようなSが存在する」

ただし、存在について語られている上記のSを満たす要素が少なくとも1つ存在せねばならない、という**存在仮定**がある。これは存在しないものについて語ることには意味がないからだと言える（伝統的論理学の元祖である哲学者アリストテレスは個物が実体だと考えたから、実体のない文は意味がないということになる）。

以上を図示したものが次の頁のベン図である。

伝統的論理学の判断をベン図で表す

大小対当では、全称が真であれば、特称も真である。

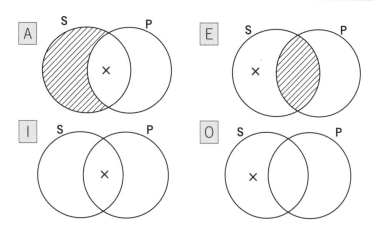

ベン図での留意点

(1)ベン図では、×印の入った領域には要素が少なくとも1つは存在している。

(2)ベン図では、斜線の入った領域には要素が存在していない。（注意…ベタ塗りに見える箇所があっても、すべて斜線部分と呼ぶ。この箇所は、手書きでは斜線を並べれば綺麗である。）

(3)ベン図では、×印も斜線も入っていない領域に要素が存在しているか否かは、どちらも可能である。

(4)線上の×印があれば、それは線で分けられた2領域のどちらに要素があるか不明の場合である。

存在仮定とベン図

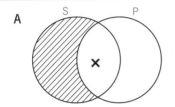 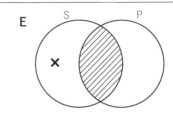

※伝統的論理学の対当推理では、(A) が真であれば(I)も真であり、(E)が真であれば(O)も真である（大小対当）。すると、全称はすでに特称の場合（主語概念の要素の存在）が含まれていると考えられる。これを存在仮定といい、この存在仮定を示すために、AとEの判断のベン図でも、主語概念に少なくとも１つの要素が存在することを示す✗の印を入れた。

【注意】E 判断の換位法での存在仮定

少し極端な例で考えると、「すべての生存者は非生存者ではない」

　これを換位（後述）すると「すべての非生存者は、生存者でない」

これは**単純換位**で、新たな主語概念Ｐ「非生存者」である死者が少なくとも１人存在する、と仮定される。

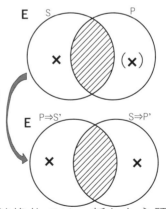

つまり、全称否定(E)の単純換位では、新たな主語概念Ｐ(S')の要素が少なくとも１つある、と仮定される。

対当推理をベン図で表す 相手が真偽不明 の場合は除く

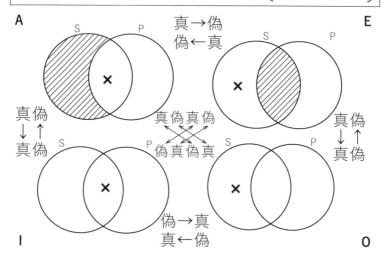

真→偽
偽←真

真偽 真偽
↓↑
真偽 真偽

真偽真偽
↕╳↕
偽真偽真

偽→真
真←偽

A E I O

対当推理をベン図で考える

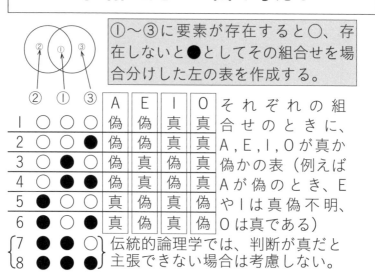

①〜③に要素が存在すると○、存在しないと●としてその組合せを場合分けした左の表を作成する。

	②	①	③	A	E	I	O
1	○	○	○	偽	偽	真	真
2	○	○	●	偽	偽	真	真
3	○	●	○	偽	真	偽	真
4	○	●	●	偽	真	偽	真
5	●	○	○	真	偽	真	偽
6	●	○	●	真	偽	真	偽
7	●	●	○				
8	●	●	●				

それぞれの組合せのときに、A，E，I，Oが真か偽かの表（例えばAが偽のとき、EやIは真偽不明、Oは真である）

伝統的論理学では、判断が真だと主張できない場合は考慮しない。

[68]

対当推理

(1)矛盾関係… **一方が真ならば他方は偽**
　　　　　　　一方が偽ならば他方は真

(2)大小関係… **大が真ならば小も真**
　　　　　　　大が偽ならば小は真偽不明
　　　　　　　小が真ならば大は真偽不明
　　　　　　　小が偽ならば大は偽

(3)反対関係… **一方が真ならば他方は 偽**
　　　　　　　一方が偽ならば 他方は真偽不明

(4)小反対関係…一方が真ならば他方は真偽不明
　　　　　　　一方が偽ならば他方は真

【復習】変形推理 (換質法)

A) **換質法**
　①質を変える。
　　　　　　肯定「である」⇒否定「でない」
　　　　　　否定「でない」⇒肯定「である」
　②量 (「すべて」と「ある」) は変えない。
　※述語概念の [　　　　　] 概念を用いるとよい。

> 「SはPである」⇒「Sは非Pでない」
> 「SはPでない」⇒「Sは非Pである」

　　　　　　上記空欄には「矛盾」を入れる。

（換位法，換位換質法・換質換位法）

B) **換位法**：質は変えないで、主語概念Ｓと述語概念Ｐを入れ替える。

　○**単純換位**：量も変えない。【全称否定、特称肯定】

「すべてのＳはＰでない」⇒「すべてのＰはＳでない」

「あるＳはＰである」⇒「あるＰはＳである」

　○**限量（減量）換位**：「すべて」⇒「ある」・【全称肯定】

「すべてのＳはＰである」⇒「あるＰはＳである」

　○**換位不能**：換位できない。……【特称否定】

「あるＳはＰでない」⇒「あるＰは？でない」

C) **換位換質法**：換位をしてから、それを換質する。

　換質換位法：換質をしてから、それを換位する。

全称肯定の換位法

例で考えると

　　すべての学生は学
　　生証をもつ。

　　これを換位すると、

　　ある学生証をもつ
　　人は、学生である。

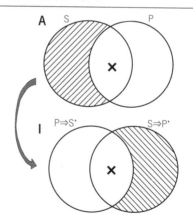

つまり、全称肯定判断を換位すると、**限量（減量）換位**となる。

全称否定の換位法

例で考えると、
「すべての赤いもの
は黒くない。」
述語概念「黒い」には存
在仮定がないとしても、
「すべての黒いもの
は赤くない。」
と**単純換位**すると、「黒い
もの」の存在仮定が発生。
つまり、全称否定判断(E)を
単純換位すると、新たな主語概念 P(S') に**存在仮定**
が発生する。

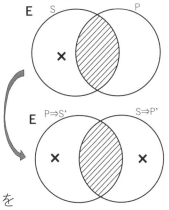

特称否定の換位不能について

「ある学生は海外旅
　行をしない。」

　これをあえて換位し
　たとすれば、

「ある海外旅行する」
　人は学生で…?」
　「海外旅行する人」が右
　図のアかイに存在する
　かどうか断定できない。

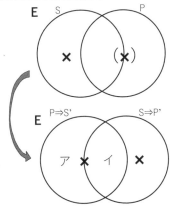

つまり、特称否定判断を換位した先の特称判断が
肯定か否定か不明なので、単純換位できない。

D) **戻換**（れいかん）（**逆換**）**法**

   1) すべての S は P である

     → ある非 S は P[　　　　　]

     （換質→換位→換質→換位→換質）

   2) すべての S は P でない

     → ある非 S は P[　　　　　]

     （換位→換質→換位）

下段参照

【復習】戻換法（逆換法）の導出

○主語 S の矛盾である**非 S を主語**とする判断を導く。

(**A**) すべての S は P である。

→（換質：E）すべての S は**非 P** でない。

→（単純換位：E）**すべての非 P は** S でない。

→（換質：A）すべての非 P は非 S である。

→（限量換位：I）ある非 S は非 P である。

→（換質：O）ある非 S は P でない。

(**E**) すべての S は P でない。

→（単純換位：E）**すべての P は** S でない。

→（換質：A）すべての P は非 S である。

→（限量換位：I）ある非 S は P である。

次頁の上段の④の×印（非 P）の存在

次頁の上段の③の×印（P）の存在

[72]

戻換法をベン図で考える

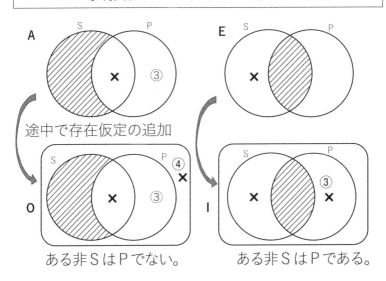

途中で存在仮定の追加

ある非SはPでない。

ある非SはPである。

【戻換法】P「である」か「でない」か？

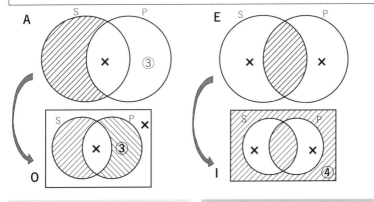

SとPの外延が一致すると、右三日月③が消え、「ある非SはPでない」

SとPが矛盾概念だと、S、Pに共通の外④が消え、「ある非SはPである」

問題1　以下の①の判断を真として、③は偽として、これに対当（矛盾・反対・小反対・大小対当）する判断をつくり、その真か偽か不明かを判定しなさい。また、②と④の真か偽か不明かを答えなさい。

①哲学者にも酒飲みがいる。（真）

　　矛盾：..判定（　　）

　　小反対：..判定（　　）

　　大小対当：..判定（　　）

　　（ヒント）「哲学者である酒飲みがいる」⇒「ある酒飲みは哲学者である」

　　　　「（哲学者にも）酒飲みの哲学者がいる」⇒「ある哲学者は酒飲みである」

②すべてのテロ行為は許されるものでない。（真）→時には許される。

解答（　　）

③ほとんどの学生は地球人でない。（偽）

　　矛盾：..判定（　　）

　　小反対：..判定（　　）

　　大小対当：..判定（　　）

　　（ヒント）「ほとんどの」は「ある」と置き換えて考える。

④政治家はみな正直だ。（偽）→正直な政治家もいる。　　　　解答（　　）

問題2　以下の判断について、指示に従って、Ｏ命題に至るまで、換質・換位を繰り返しなさい。

①　ある学生は既婚者である。（換位から始める）→ ....

....

....

②　ある授業は面白いものでない。（換質から始める）→ ....

....

....

③　すべてのトマトはピーマンでない。（換位から始める）→ ....

....

....

④　すべての電気は有料である。（換質から始める）→ ....

....

....

問題 3　以下の判断は前件が真の場合に、後件は真か偽か不明か。その理由
も述べよ。　※「ゆえに」で結ばれている前の判断は前件、後の判断は後
件と名付けられる。

①すべての人間は生存権を持つ。ゆえに、人間でない或るものは生存権を
持たない。

解答（　　　）理由：........................

②ある学生は天才である。ゆえに、ある学生は天才でない。

解答（　　　）理由：........................

第9回
ベン図で三段論法

三段論法の妥当性をベン図で調べる

三段論法の問題をベン図で解く

【探究】三段論法の誤謬論をベン図で考える

■今回は三段論法の妥当性をベン図で調べる方法を考え、じっさいにいくつか調べてみる。ベン図で三段論法というのは、これで実質的に終わりである。その後に「探究」が補足されている。

　探究は、伝統的論理学での三段論法の誤謬論である。伝統的論理学では、概念の量にかかわる概念の周延と不周延、および判断の質にかかわる肯定と否定から、正しい三段論法を判定する。実はこのようなことはベン図を用いているかぎり必要ない。しかし伝統的論理学の誤謬論はベン図でも説明できることを示すことにより、伝統的論理学の方法と、ベン図を用いた方法とが両立することが知られる。

　したがって結局のところ、伝統的論理学での三段論法の誤謬論を使わなくとも、ベン図だけで三段論法の妥当性を判定できるのである。

【復習】AEIO の判断をベン図で表す

注目：Ｓの三日月部かレンズ部に×印が入れば、いずれかの判断になる可能性がある。

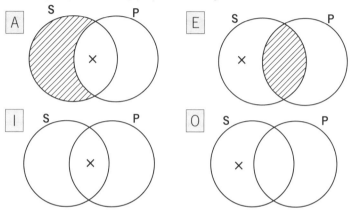

（補足）ベン図と斜線部分

ベン図は**数学の集合論**で、**斜線部分に要素が存在する**という意味が与えられることがある。これだと、空集合の部分には斜線が入らない。これをそのまま**論理学**に応用すると、要素の存在が不明の箇所の扱いに困る。そこで次のように 3 通りの場合で考える。これにより、斜線と×印とが重なることもない。

①斜線部分には要素が存在しない。
②斜線のない部分には要素が存在しなくてもよい。
③×印の入った部分には少なくとも 1 つの要素が存在する。（**境界線上の×印**は、境界線で接する 2 領域全体で少なくとも 1 つ要素が存在することを示す）

正しい三段論法をベン図で調べる手順

① 「M-P」のベン図を書く。(例) MaP
…斜線、×印を入れる。
② 「M-S」のベン図を重ねて書く。(例) SaM
…斜線、×印を入れる。
③ 要素の存在位置が確定できるか確かめる。
…確定領域に×印を入れる。
④ 結論「S-P」の図が **A, E, I, O** のいずれでもないときは、その三段論法は誤謬である。ベン図で、**S** と **P** の関係に注目。(例) SaP
※ 境界線上の×印は、境界線で接する2領域全体に少なくとも1つ要素が存在することを示している。

正しい三段論法をベン図で調べる実例

例) 第1格, 大前提 A, 小前提 A の場合
(大前提 A) すべての生物(M)は死ぬ(P)。
(小前提 A) 亀(S)は生物(M)である。
(結　論 A) 亀(S)は死ぬ(P)。

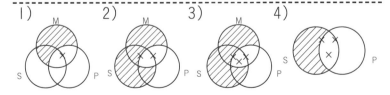

2)では左の×印が斜線領域には存在しえないので、3)で中央の領域内に×印が入る。最後の結論の図4)は A (SaP) になるから、この推理は妥当である。

三段論法の 問題を ベン図で解く

【問題】以下の三段論法が妥当な（正しい）推理であるかどうか、ベン図を用いて答えよ。なお妥当でなければ、伝統的論理学では何の誤謬かも答えよ。

問題 1

1. 英雄は色を好む。彼は色を好むから、英雄にちがいない。

S: 彼
P: 英雄
M: 色を好む

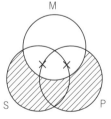

左のベン図より、所与の二前提から、A, E, I, O の結論は導けない。
　伝統的論理学では、媒概念不周延の誤謬

【参考】PaM ⎤
　　　　SaM ⎦ 第 2 格の三段論法 AA-
　∴ SaP この結論は導けない。

問題 2

2. 肉体運動は身体を鍛える。身体を鍛えることは精神力を強くする。ゆえに精神力を強くするものは肉体運動である。

S: 精神力を強く、
  するもの
P: 肉体運動
M: 身体を鍛える

左のベン図より、所与の二前提から、Iの結論が導ける。ところが結論がAなので、この推理は妥当でない。

　　　　伝統的論理学では、小概念不当周延の誤謬

【参考】PaM
　　　　SaM ｝第4格の三段論法 AA-
　∴ SaP この結論は導けない。

問題 3

3. 病気は静養を必要とする。彼の怠惰は病気である。ゆえに彼の怠惰は静養を必要とする。

S: 彼の怠惰
P: 静養を必要
　　とする
M: 病気

左図より、ベン図では正しい（妥当な）推理である。

しかし、大前提の「病気」には怠惰が含まれないので、媒概念曖昧の誤謬

【参考】Map
　　　　SaM ｝第1格の三段論法 AAA
　∴ SaP

問題 4

4. わが社の出版物には駄作はない。この本はわが社の出版物ではない。ゆえにこの本は駄作である。

S: この本
P: 駄作
M: わが社の
　　出版物

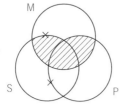

左のベン図により、所与の二前提からA, E, I, Oのどの結論も導けない。

伝統的論理学では、否定二前提の誤謬

【参考】MeP
　　　　SeM ｝第 I 格の三段論法 EE-
　∴ SaP この結論は導けない。

問題 5

5. 神に愛される者は短命だ。彼は短命だったのだから、神に愛されたのだ。

S: 彼
P: 神に愛される
M: 短命

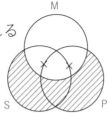

左のベン図より、所与 の二前提から、A, E, I, Oのどの結論も導けない。

伝統的論理学では、媒概念不周延の誤謬

【参考】PaM
　　　　SaM ｝第 2 格の三段論法 AA-
　∴ SaP この結論は導けない。

【探究】
ベン図で考える
三段論法の誤謬論

1. 量の公理　①媒概念不周延の誤謬
　　　　　　②大概念不当周延の誤謬
　　　　　　③小概念不当周延の誤謬
2. 質の公理　①否定二前提の誤謬
　　　　　　②不当肯定の誤謬
　　　　　　③不当否定の誤謬

　オイラー図の場合と同様に、ベン図での推理には、概念の周延と不周延とは用いない。しかし、伝統的論理学では概念の周延・不周延を使って推理の妥当性を考える。そこで、ベン図で推理をする場合には必要ないとはいえ、ベン図で行った三段論法が、伝統的論理学と一致することを示すために、以下では、伝統的論理学で行われる三段論法の誤謬推理論をベン図で説明する。

　これにより、伝統的論理学で行われる、概念の周延・不周延による三段論法の誤謬推理論は、概念の周延・不周延を意識せずに、先に見た、概念の外延を図示するオイラー図の場合と同様に、これから見る、概念の要素の存在・非存在を図示するベン図でもできるのである。そして、簡単な図で考えるので、直観的に（頭の中だけでも）容易に考えることができる点に特徴がある。

1-① 媒概念不周延の誤謬

大前提と小前提の媒概念(M)がともに不周延のとき
[A] 大前提では次の4通りの場合がある。
（1）PaM（すべてのPはMである。）
（2）PiM（あるPはMである。）
（3）MiP（あるMはPである。）
（4）MoP（あるMはPでない。）

以下すべて、円M、P、Sの交点上の×印は無視。

×印が入る位置は、
[ア]（1）、（2）、（3）の場合には②
[イ]（4）の場合には①
[B] 小前提でもMが不周延だから、同様にして、③と④のいずれかに×印が入る。（つづく）

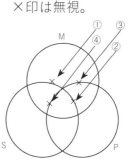

媒概念不周延の誤謬 つづき

（1）上段の右下の図より、結論のSxPのxがa,e,i,oのいずれかの図になるためには、×印がイかウのいずれかに存在しなければならない。
（2）×印がイかウに存在するためには、Mが周延して、ア、イ、ウ、エのいずれかの領域に斜線が入って、×印の位置を決定しなければならない。
（3）したがって、Mが一度も周延していないと、結論が導けない。

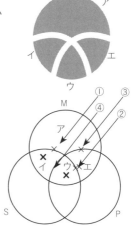

媒概念不周延の誤謬の
ベン図の特徴

下段の図では、ＭとＰとの関係で、Ｍの内側に斜線部分がなくて、しかもＭの内側に×が１つあれば、ＭはＰとの間で不周延である。
同様のことが、ＭとＳとの間でも成り立つ。

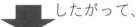

したがって、

Ｍの円の内側に斜線部分がなくて、しかもＭの内側に×が２つあれば、ＭはＳとの間でも、Ｐとの間でも不周延であるから、**その三段論法は媒概念不周延の誤謬となる。**

詳細な説明は下段と次頁上段

媒概念不周延の誤謬のベン図 その１

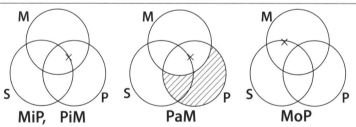

MiP, PiM   PaM   MoP

Ｍ（媒概念）とＰ（大概念）の関係
①上の３つの図は、Ｍが不周延の場合の図

※ＭとＳ（小概念）との関係でも類似の図ができ、媒概念が１度も周延しないと、**Ｍの円の内側に斜線部分がなく、×印が２つある。**

つづく

媒概念不周延の誤謬のベン図 その 2

M（媒概念）と P（大概念）の関係
②下の 3 つの図は、M が周延の場合の図である。

※ M と S（小概念）との関係でも類似の図ができ、
M の内側に×印があっても、斜線部分が必ずあり、
または M の内側に斜線部分がないと、×印もない。

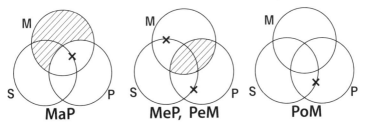

MaP　　　MeP, PeM　　　PoM

1-②　大概念不当周延の誤謬

大前提の大概念 P が不周延のとき、
大前提では次の 4 通りの場合がある。
　(1)MaP（すべての M は P である。）
　(2)PiM（ある P は M である。）
　(3)MiP（ある M は P である。）
　(4)PoM（ある P は M でない。）
(1)～(3) の場合には①、(4) の場
合には②の位置に×印が入る。
また、小前提では図の③、④、
⑤のいずれかの位置に×印があ
りうる。（つづく）

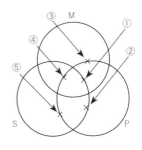

大概念不当周延の誤謬（つづき）

結論でＰが周延ならば、「…ＳはＰでない」となる。それゆえ、右下図では、ウかエの領域に×印が存在しなければならない。

ところで大前提ではＰが不周延なので「…ＭはＰである」や「あるＰはＭ…」となり、アかイが斜線領域ではありえない。また、ＳとＭとの関係でも、ウかエの領域に④、⑤の×印を追い込むべく、アかイの領域に斜線が入ることは不可能である。

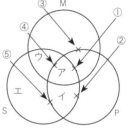

それゆえ、前提でＰが不周延ならば、結論でＰが周延でありえない。

1-③ 小概念不当周延の誤謬

結論でＳが周延であれば、「すべてのＳはＰ…」となる。したがって、右下の図では、アとイの領域が共に斜線部か、ウとエの領域が共に斜線部であらねばならない。

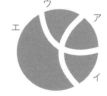

しかし、ＰとＭとの関係と、不周延のＳとＭとの関係では、アイの領域を共に斜線部、またはウエの領域を共に斜線部にはできない。

それゆえ前提でＳが不周延ならば、結論でＳが周延ではありえない。

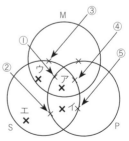

2-① 否定二前提の誤謬

(1)大前提も小前提も否定のとき、右下図の①〜④の位置に×印が入りうる。結論を導くためには、これらの×印がア、イ、ウのいずれかに入らねばならない。

(2)しかし、否定判断だと斜線が入るのは、MとPの間のレンズ部か、MとSの間のレンズ部に限られる。

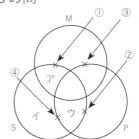

(3)したがって否定二前提だと、×印をア、イ、ウのいずれの部分にも追い込むことができない。

(4)よって、否定二前提の下では、結論を導けない。

2-② 不当肯定の誤謬

(1)大前提が否定のとき、右下図の①か②の位置に×印が入りうる。結論を導くには、×印がアかウにあらねばならない。これは、小前提がMaSで肯定の場合だけである。このときの結論はSoPで、否定である。

(2)小前提が否定のとき、図の③か④に×印が入る。結論を導くには、(A)④の×印がイかウに入らねばならない。これは無理である。(B)エに③の×印を追い込んでも、ウに斜線が入らず、SePの結論すらも導けない。

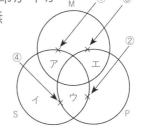

(3)以上より、前提に否定が1つあれば、肯定の結論は導けない。

2-③　　不当否定の誤謬

(1)両前提が肯定判断の場合、右下図で×印は小前提による①と、大前提による②である。

(2)右下図ではアに×印が入れば、結論は否定判断である。また、イに×印が入るなら、SeP か要検討。

(3)大前提が肯定判断だから、①の×印をアに追い込むことは無理である。

(4)小前提が肯定判断だから、②の×印をイに追い込むことは無理である。

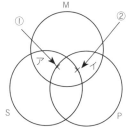

(5)よって、両前提が肯定判断の場合に、結論が否定判断であることはありえない。

　以上により、伝統的論理学での三段論法の誤謬論に見る次の2つの公理が成り立つことを、ベン図でも説明できた。

1. 量の公理　　①媒概念不周延の誤謬

　　　　　　　②大概念不当周延の誤謬

　　　　　　　③小概念不当周延の誤謬

2. 質の公理　　①否定二前提の誤謬

　　　　　　　②不当肯定の誤謬

　　　　　　　③不当否定の誤謬

　つまり、ベン図を用いれば、これらの三段論法の誤謬論を知らなくても、図を描くだけで、推理の妥当性(正しいか誤りか)を判定できる。

理解の確認　第 9 回

問題　以下の定言三段論法の正誤をベン図で調べよ。誤の場合には伝統的論理学での何の誤謬か記せ。

1　英雄は色を好む。彼は色を好むから、英雄にちがいない。
　S:
　P:
　M:

2　肉体運動は身体を鍛える。身体を鍛えることは精神力を強くする。ゆえに精神力を強くするものは肉体運動である。
　S:
　P:
　M:

3　病気は静養を必要とする。彼の怠惰は病気である。ゆえに彼の怠惰は静養を必要とする。
　S:
　P:
　M:

4　わが社の出版物には駄作はない。この本はわが社の出版物ではない。ゆえにこの本は駄作である。
　S:
　P:
　M:

5　神に愛される者は短命だ。彼は短命だったのだから、神に愛されたのだ。
　S:
　P:
　M:

第 10 回
結論から、ベン図で
正しい三段論法を作る

1. 妥当な三段論法の数を結論の種類から数える
2. 特称二前提の誤謬
3. 前提に 1 つの特称判断があれば、結論は特称判断

結論から三段論法を作る（その前提）

大前提で、×印が入る可能性の
ある箇所は左図の通り。

小前提で、×印が入る可能性の
ある箇所は左図の通り。

結論が全称肯定（SaP）の場合（1 通り）

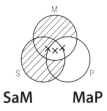

SaM　　**MaP**

ＳとＰのＳの三日月部に斜線が入って、ＳとＰのレンズ部に×印が入る場合は、左図の場合の **1 通り** しかない。

【実例】結論「すべての努力家Ｓは強運な人Ｐである」の二前提は？　上図から、大前提「すべての成功者Ｍは強運な人Ｐである」と小前提「すべての努力家Ｓは成功者Ｍである」の組合せが必要な前提である。

結論が全称否定（SeP）の場合（4 通り）

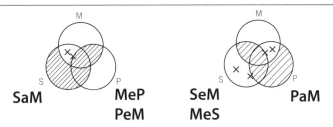

SaM　　　　**MeP**　　　**SeM**　　　　**PaM**
　　　　　　　PeM　　　**MeS**

ＳとＰのレンズ部に斜線が入り、ＳとＰのＳの三日月部に×印が入るのは、上図の場合のみ。左図では、大前提と小前提の組合せが **2 通り**、右図でも、大前提と小前提の組合せは **2 通り**。よって都合 **4 通り**。
※ただし、右図の小前提 MeS の場合は、結論が PeS となるから、その単純換位を行う必要がある。

結論が特称肯定（SiP）の場合（6通り）

SiM MaP
MiS
MaS

MaS （MaP）
PaM
MiP
PiM

　ＳとＰのレンズ部に×印を追い込めるのは、
上の２通りの場合（大前提が MaP の場合
と、小前提が MaS の場合）。左図の場合には、
3通り。右図の場合には、Mas と MaP の組合
せがすでに左図にあるので、これを数えない
と **3通り**。よって都合 **6通り**。

結論が特称否定（SoP）の場合（8通り）

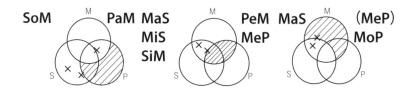

SoM PaM MaS
MiS
SiM

PeM MaS （MeP）
MeP MoP

　ＳとＰのＳの三日月部に×印が入る SoP の図
は上の３つ。【左図】**1通り**。【中央図】**6通り**。
【右図】２通りだが、Mas と MeP の組合せは中
央図にあるので、**1通り**。よって都合 **8通り**。

結論から導いた正しい三段論法について

以上により、ベン図を用いてある結論を導く三段論法を作ると、**19 通り**の図の三段論法が妥当。（ただし大小対当の推理により、結論が全称肯定の場合は特称肯定に、全称否定の場合は特称否定に変換したものを加えれば、24 通り。）内訳は次の通り。

(1)結論が全称肯定判断
　　　　　　　…**1** 通り
(2)結論が全称否定判断
　　　　　　　…**4** 通り

大前提も小前提も全称判断の場合がある

(3)結論が特称肯定判断]
　　　　　　　…**6** 通り
(4)結論が特称否定判断
　　　　　　　…**8** 通り

二前提の判断が全称と特称の組合せの場合がある

正しい三段論法の前提の量について

上記ベン図で行った三段論法の分析からみて、
(**1**)結論が全称判断であれ、特称判断であれ、大小前提の両方が特称判断ということはない。（つまり、大小前提がともに特称判断のときには、正しい三段論法は存在しない。）
　⇒特称二前提の誤謬
(**2**)前提の 1 つが特称判断ならば、結論は特称判断である。
(**3**)結論が全称判断ならば、大小前提はともに全称判断でなければならない。（しかし逆に、大小前提がともに全称判断だからといって、結論が全称判断とは限らない。）

【前頁下段（1）（2）（3）についてベン図で考える】

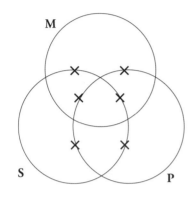

上記の（1）「特称二前提の誤謬」は特称判断のベン図には斜線部分がないことから分かる。つまり、二前提の特称判断のベン図を組み合わせた結論の図にも斜線部分はない。それゆえ、二前提の特称判断を組み合わせたベン図では×印が左図のような境界線上に存在できるが、その×印を結論のＳの三日月部分や、ＳとＰの間のレンズ部分に追い込めない。すると、結論のベン図は×印が境界線上にしかないので、A, E, I, O の判断の図にならず、結論は出ない。

次に上記の（2）「前提の１つが特称判断ならば、結論は特称判断である」ことは次のようにしてベン図からわかる。(a) 結論が全称肯定判断であるためには、結論のＳとＰの間で生ずるＳの三日月部分を斜線部分にせねばならず、そのためには両前提が全称でなければならない。また、(b) 結論が全称否定判断であるためには、結論のＳとＰの間のレンズ部分を斜線部分にせねばならず、そのためには両前提が全称でなければならない。これら(a)(b) より（2）が導ける。

最後に上記の（3）「結論が全称判断ならば、大小前提はともに全称判断でなければならない」ことも、ベン図を使って考えた上記の (a)(b) から導くことができる。

【探究】周延・不周延をベン図で表す

×印はその領域が周延していることを示す。斜線部分は、メンバー（要素）が存在しないことを示す。

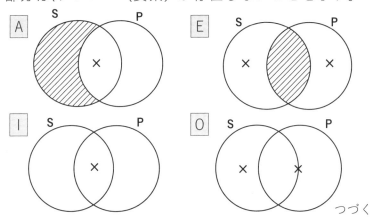

つづく

　伝統的論理学では、周延・不周延を用いて考察している。これをベン図で表現できないだろうか、と考えると例えば上図になる。この図では、<u>×印はこれまでのベン図のように要素の存在を示すばかりか、領域の周延を示すためにも用いられている。</u>

　つまり、領域に×印があれば、その領域は周延している。これはその×印が或る概念内に生じた境界線上にあっても（特称否定判断 O の述語概念 P のように）同じく周延である。

　また、その概念の領域（円）に×印のない部分があれば、その概念は不周延である。これは、たとえ概念の外延を示す円上に×印があっても、例えば上図の特称否定判断の主語概念 S の境界線上の×印のように、その×印は境界線の内と外のどちらに要素がどれだけあるかまで知らせてくれないので、その概念は不周延である。（次頁の上段を参照）

【探究】周延・不周延をベン図で表す

ある概念の外延を円で表し、×印でその外延領域の周延・不周延を表す。線上の×印は左右のどちらにメンバー（要素）があるか、不明の場合を表す。

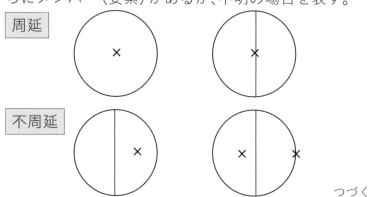

周延

不周延

つづく

【探究】 周延・不周延で対当推理

各判断の主語概念 S と述語概念 P の周延・不周延を示したベン図（前頁のA, E, I, Oの図）で考える。手掛かりは、①斜線部分は×印部分となれないし、×印部分は斜線部分になれない。それから、②空白部分を斜線部分とみなしてもよい（空白部分には要素がなくて斜線部分となる可能性があるから）。③逆に斜線部分を空白部分と決められない（空白部分に要素がないとは限らないから）。結果は次の通り。

	Sの概念	Pの概念	Aの判断	Eの判断	Iの判断	Oの判断
Aが真⇒	周延	不周延	真	偽	真	偽
Eが真⇒	周延	周延	偽	真	偽	真
Iが真⇒	不周延	不周延	不定	偽	真	不定
Oが真⇒	不周延	周延	偽	不定	不定	真

【探究】周延・不周延で三段論法

例えば、大前提が「全ての M は P である」、小前提が「全ての S は M である」だと、ベン図は次の通り。

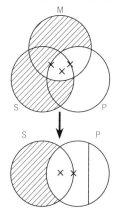

最初に、大前提の図を書き、それに小前提の図を重ね書きする。その結果は左上図（×印が斜線部に押されて中央部分に入っている）。

次に、S と P だけを取り出せば、左下図。つまり結論では全称肯定判断「すべての S は P である」が成立する。ただし、概念 P が不周延であることを示す境界線が入っている。

■上図のように概念の周延・不周延をベン図にあてはめて知ることもできる。しかしいわば存在論的にメンバー（要素）の存在に注目するだけで行った考察に比べて、×印が全称否定判断と特称否定判断とでそれぞれ 1 個ずつ増え、上図の概念 P のように概念の領域を 3 部分に分けて示さねばならないなど、複雑化している。

　したがって、概念の周延・不周延も知られるように、周延・不周延の分かるベン図を用いてもよいが、それはあくまで補助的である。なぜなら、概念の周延・不周延は概念が「すべて」で、または「ある」で形容されるているか、「である」と肯定されているか「でない」と否定されているか、で決定できるからである。

　つまり、ベン図で伝統的論理学を考えるには、述定判断を存在判断に変換して考察する存在論的な意味でベン図を用いるだけで、直観的に論理学的考察ができる点に利点がある、と言える。

理解の確認　第 10 回

問題　1 ～ 5 の定言三段論法の正誤をベン図で調べよ。誤の場合には、伝統的論理学での何の誤謬か答えよ。6 は設問に答えよ。（すでにオイラー図で解いた推論も含む）

1　サルは理性的でない。しかるに人間は理性的である。ゆえに人間はサルである。

2　悪いやつほどよく眠る。彼はよく眠るから、悪いやつに相違ない。

3　この百科事典の執筆者はすべて一流の学者である。彼はこの百科事典の執筆者ではない。ゆえに彼は一流の学者ではない。

4　ある嘘をつく人は借金を返さない。ある嘘をつく人は口が上手である。ゆえに口が上手な人は借金を返さない。

5　ある人々は山が好きだ。ある人々は海が好きだ。ゆえに山が好きな人々のなかには海が好きな人もいる。

6　「ある人間は山に住む」という大前提から、「ある動物は山に住む」という結論を導くことはできるか。ベン図で調べて、できるとすれば、その小前提の実例を 1 つ述べよ。

第11回
仮言三段論法

Ⅰ．混合仮言三段論法

 (i) 構成的仮言三段論法（肯定式）

 (ii) 破壊的仮言三段論法（否定式）

Ⅱ．純粋仮言三段論法

 ※ベン図の方が一目瞭然！

1. 混合仮言三段論法（i 肯定式）

混合仮言三段論法：仮言判断と定言判断を混合

i) 構成的仮言三段論法（肯定式）

   A ならば B である

   <u>A ［　①　］</u>

   ゆえに B である　　　　　　　①は「である」

【考察】小前提を「A でない」とするとどうなるだろうか。

前件否定の誤謬

I. 混合仮言三段論法 (ii 否定式)

ii) <u>破壊的仮言三段論法</u>（否定式）

　　　AならばBである
　　　B [　②　]
　　　――――――――
　　　ゆえにAでない　　　　　　　　②は「でない」

【考察】小前提を「Bである」とするとどうなるだろうか。

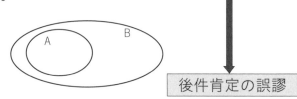

後件肯定の誤謬

II. 純粋仮言三段論法

ベン図で考える

※オイラー図より、ベン図で考える方が簡単である。

【前提】(1) 仮言判断「PならばQである」は左上図。これは「Pであり、かつQでない、ということはない」の図。

(2) 仮言判断「PならばQでない」は左下図。これは「Pであり、かつQである、ということはない」の図。

※斜線部分の場合はなく、白抜き部分の場合はある、ということを示している。

純粋仮言三段論法（大前提が肯定）

3 通りだけ、結論が決まる。（ベン図だけで考える）

Cならば B である
Aならば C である
ゆえに Aならば B である

Bならば C である
A/Cならば C/A でない
ゆえに Aならば B でない

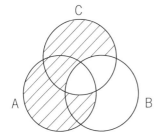 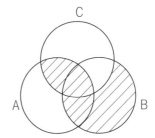

純粋仮言三段論法（大前提が否定）

2 通りだけ、結論が決まる。（ベン図だけで考える）

Cならば B でない
Aならば C である
ゆえに Aならば B でない

Bならば C でない
Aならば C である
ゆえに Aならば B でない

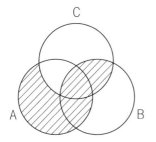 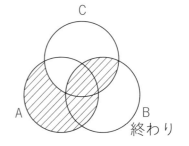

終わり

問題　以下の仮言三段論法の正誤を1～4はオイラー図を使って、正誤を説明し、誤の場合にはいかなる誤謬かを指摘せよ。5～7はベン図を使って、正しいか誤りかを説明せよ。

1　努力すれば、成功する。彼は努力しないから、成功しない。
　　A：
　　B：

2　合理化が進行すれば、失業者が増える。失業者が増えているから、合理化が進行しているにちがいない。
　　A：
　　B：

3　太陽が照れば、石は温かくなる。太陽が照った。ゆえに石は温かくなる。
　　A：
　　B：

4　もし急行列車が来れば、この駅に止まらない。ところで、あの列車はこの駅に止まらなかった。だとすると、あの電車は急行だったのだろう。
　　A：
　　B：

5　科学技術が悪用されれば、自然破壊が進む。利益に走れば科学技術が悪用される。ゆえに、もし利益に走れば、自然破壊が進む。
　　A：
　　B：
　　C：

6　利己主義者ならば、品性は下劣である。真の科学者ならば品性は下劣でない。ゆえに、真の科学者ならば利己主義者でない。
　　A：
　　B：
　　C：

7　勉強好きならば、論理学の単位を取れる。論理学の単位を取れるのならば、なまけものでない。ゆえに、なまけものでないならば、勉強好きである。
　　A：
　　B：
　　C：

第12回
選言三段論法
両刀論法

1. 純粋選言三段論法
2. 混合選言三段論法
3. 両刀論法
   a. 肯定式（1）単純（2）複合
   b. 否定式（3）単純（4）複合

純粋選言三段論法

【考察 I】**大前提・小前提のいずれも選言判断**の三段論法を作るとどうだろうか。

（Sは）AかBである。
（Sは）AかCである。
_____
①ゆえに（Sは）AかBかCである。
②ゆえに（Sは）BかCである。
③ゆえに（Sは）Aである。

　　…［両前提を満たすのは］
　　①②ではなく、③である。

選言肢

S　A│B

S　A│C

※伝統的論理学では、**選言肢は排反的**（両立することがない）である。

混合選言三段論法（肯定否定式）

【考察2】大前提が選言判断、小前提が定言判断から成る三段論法を作るとどうだろうか。

i) 肯定否定式（破壊式）

AかBかである。
Aである。

ゆえにB［　①　］。

> ※伝統的論理学では、**選言肢は排反的**である。

AかBかCである。
Aである。

ゆえにBでもCでも［　②　］。

①でない
②ない

混合選言三段論法（否定肯定式）

ii) 否定肯定式（構成式）

AかBである。
Aでない。

ゆえにB［　①　］。

AかBかCである。
Aでない。

ゆえにBかC［　②　］。

①である　②である

【考察3】i)とii)の選言三段論法が**成立しない場合**。
1) 可能な［　③　］がすべて挙げ尽くされていない場合。　　　　　　　　　　　　　③選言肢
2)［　④　］が外延上、互いに排斥しあっておらず、交叉している（非排反的選言の）場合。　④選言肢

両刀論法

・仮言選言三段論法とは
・a. 肯定式　（1）単純　（2）複合
・b. 否定式　（3）単純　（4）複合

仮言選言三段論法とは

（大前提）仮言判断 1、仮言判断 2、…
（小前提）選言判断（選言肢 1、2、…）
（結論）定言判断

○**両刀論法**（dilemma）…**小前提**の選言肢：2 つ
　三刀論法（trilemma）…同上：3 つ
　四刀論法（tetralemma）…同上：4 つ
　多刀論法（polylemma）…同上：5 つ以上
○**肯定式**：仮言判断の前件を肯定する。結論におい
　て後件を肯定する。
　否定式：仮言判断の後件を否定する。結論におい
　て前件を否定する。
※仮言判断の「ならば」の前後を**前件**、**後件**と呼ぶ。

ジレンマ（肯定式）

○**ジレンマ**（両刀論法）の肯定式

(1)単純構成的両刀論法（**後件同一**）

AならばCである。BならばCである。

Aか［　①　］である。

ゆえにCである。

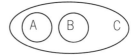

①**B**

(2)複合構成的両刀論法（**後件不同一**）

AならばCである。BならばDである。

AかBである。

ゆえに［　②　］か［　③　］である。

②**C**　③**D**

ジレンマの肯定式の例

○**単純構成的両刀論法**の例

心を洗いたいならば、山へ行くことは価値がある。

体を鍛えたいならば、山へ行くことは価値がある。

ところで、心を洗いたいか、体を鍛えたいか、である。

ゆえに、山へ行くことは価値がある。

○**複合構成的両刀論法**の例

部屋にいれば、焼死するだろう。

窓から飛び降りれば、打撲で死ぬだろう。

しかるに、部屋にいるか、飛び降りるかである。

ゆえに、焼死するか、打撲で死ぬか、いずれかだ。

ジレンマ（否定式）

(3)単純破壊的両刀論法（**前件同一**）

　AならばBである。AならばCである。

　Bでないか［　①　］でないかである。

　ゆえにAでない。　　　　　　　①**C**

　※選言肢はBでないとCでないとで尽くされている。

(4)複合破壊的両刀論法（**前件不同一**）

　AならばCである。BならばDである。

　CでないかDでないかである。

　ゆえに［　②　］でないか［　③　］でないかである。

　　※選言肢はCでないとDでないとで尽

　　くされている。　　　　　　②**A**　③**B**

ジレンマの否定式の例

○**単純破壊的両刀論法**の例

もし単位を取るならば、講義に出席せねばならない。

もし単位を取るならば、試験を受けねばならない。

しかるに彼は講義に出席しないか、試験を受けない

　かである。

ゆえに彼は、単位を取らない。

○**複合破壊的両刀論法**の例

もし良心的ならば、罪を認めるはずである。

もし賢明ならば、罪に気づくはずである。

ところが、罪を認めないか、罪に気づかないかである。

ゆえに彼は良心的でないか、賢明でないかである。

問題　以下の選言三段論法が正しい（妥当）かどうかを検討せよ。

1　Ｘからの確実な情報では、犯人は東京か名古屋か大阪にいる。Ｙからの確実な情報では、犯人は東京か京都か岐阜にいる。ゆえに、犯人は東京か名古屋か大阪か京都か岐阜にいる。

2　すべての人間は善人か、悪人かである。彼は善人ではない。ゆえに彼は悪人である。

3　成功は天分によるか、努力によるかのいずれかである。彼が成功したのは天分による。だから彼は努力によって成功したのではない。

4　彼女はタレントであるか、大学生であるかのいずれかである。彼女はタレントである。ゆえに彼女は大学生ではない。

5　人生は楽しいか苦しいかである。私の人生は苦しくない。ゆえに私の人生は楽しい。

第13回
ジレンマから
抜け出す方法

A. 論駁　a. 角によってとらえる
　　　　　　b. 角の間へ逃げる
B. 反駁　a. 複合構成的両刀論法
　　　　　　b. 複合破壊的両刀論法
　　　　　　c. 反駁は見かけにすぎない

■ここでは、選択肢が2つあって、どちらを選んでも良い事はない、というジレンマ状態から抜け出す方法を論理学的に考える。そして、その方法を論駁と呼ぶ。さらに別に反駁と呼ぶ方法についても考える。

　ところで、以下で見る論駁は、じっさいにジレンマから抜け出して、ジレンマの状況を解決するために役立つ。ところが、反駁は論理的には正しいし興味深いのだけれど、実質的にはジレンマの問題を解決することにならず、解決の慰めにしかならない。こういったことを以下で確認する。

　なお、論駁はジレンマばかりか、トリレンマ、テトラレンマ、ポリレンマの実質的解決にも有効であり、現実において固定観念から脱し、物事の発想の幅を広げるための訓練にも役立つ。

ジレンマから抜け出す方法

論駁（ヒント）仮言三段論法と選言三段論法とが
誤となる場合はどういう場合だっただろうか。

①大前提における仮言判断の**前件と後件との
間**に、**必然的な関係がない**ことを示す。
＝角（つの）（horn）によってとらえる

②小前提の**選言肢の間**に**別の選言肢がありう
る**ことを見抜き、必要な選言肢を示す。
＝角の間へ逃げる

反駁　③与えられた両刀論法の結論と**矛盾するよう
に見える結論を導く両刀論法**を作って対抗す
る。これは見掛けだけの慰めにすぎない。

論駁の例

1 説明すれば、誤解される。黙っていれば、誤解さ
れる。しかるに説明するか、黙っているかのいずれ
かである。ゆえにいずれにしても誤解される。
【論駁：角によってとらえる】説明すれば、必ず誤解
されるとは限らず、丁寧に説明すれば、理解されうる。

2 死亡なら呼吸がないはずだ。
しかも、死亡なら心臓の鼓動がないはずだ。
しかるに彼は呼吸があるか鼓動があるかのいずれかだ。
ゆえに彼はいずれにしても死亡でないにちがいない。
【論駁：角の間に逃げる】自宅療養する、という別の
選択肢がありうるので、入院も通院もしていないで病
気という場合がありえ、そもそもジレンマにならない。

【探究】反駁　矛盾に見える結論を導く方法

元の結論と矛盾するように見える結論を導く

○複合構成的両刀論法：**後件を入れ替え、否定する。**

$$
\begin{cases} A ならば C、B ならば D \\ A または B \\ ゆえに、C または D \end{cases} \Rightarrow \begin{cases} A ならば \textbf{非D}、B ならば \textbf{非C} \\ A または B \\ ゆえに、非D または 非C \end{cases}
$$

○複合破壊的両刀論法：**前件を入れ替え、否定する。**

$$
\begin{cases} A ならば C、B ならば D \\ 非C または 非D \\ ゆえに、非A または 非B \end{cases} \Rightarrow \begin{cases} \textbf{非B} ならば C, \textbf{非A} ならば D \\ 非C または 非D \\ ゆえに、B または A \end{cases}
$$

反駁　模式図による説明

A、B、C、D はお互いに排反する事象とする。

〈肯定式〉（複合構成的）後件を入れ替え否定

$$
\begin{array}{l} A \to C \\ B \to D \\ A または B \\ \therefore C または D \end{array} \Longrightarrow \begin{array}{l} A \to C \to 非D \\ B \to D \to 非C \\ A または B \\ \therefore 非D または 非C \end{array}
$$

〈否定式〉（複合破壊的）前件を入れ替え否定

$$
\begin{array}{l} A \to C \\ B \to D \\ 非C または 非D \\ \therefore 非A または 非B \end{array} \Longrightarrow \begin{array}{l} A \to 非B \to C \\ B \to 非A \to D \\ 非C または 非D \\ \therefore 非非B または 非非A \\ つまり、B または A \end{array}
$$

反駁の例 (1-1)

複合構成的両刀論法

もし正直であれば、<u>**人に憎まれる**</u>。

もし嘘をつけば、<u>**神に憎まれる**</u>。

ところで、正直であるか、嘘をつくかである。

ゆえに、人に憎まれるか、神に憎まれるかである。

反駁 ⇒<u>**前提の後件を入れ替えて、否定する**</u>。

もし正直であれば、<u>**神に愛される**</u>。

もし嘘をつけば、<u>**人に愛される**</u>。

ところで、正直であるか、嘘をつくかである。

ゆえに、神に愛されるか、人に愛されるかである。

反駁の例 (1-2)

複合構成的両刀論法

部屋にいれば、<u>**焼死する**</u>だろう。

窓から飛び降りれば、<u>**打撲で死ぬ**</u>だろう。

しかるに、部屋にいるか、飛び降りるかである。

ゆえに、焼死するか、打撲で死ぬか、いずれかだ。

反駁

部屋にいれば、<u>**打撲で死なない**</u>だろう。

窓から飛び降りれば、<u>**焼死しない**</u>だろう。

しかるに、部屋にいるか、飛び降りるかである。

ゆえに、打撲で死なないか、焼死で死なないか、
いずれかだ。

反駁の例（2-1）

複合破壊的両刀論法

もし**良心を持つ**ならば、自首するはずである。
もし**刑罰を知っている**ならば、逃亡するはずである。
ところが彼は、自首しないか、逃亡しないかである。
ゆえに彼は良心を持たないか、刑罰を知らないかだ。

反駁　⇒**前提の前件を入れ替えて否定する**。

もし**刑罰を知らない**ならば、自首するはずである。
もし**良心を持たない**ならば、逃亡するはずである。
ところが彼は、自首しないか、逃亡しないかである。
ゆえに彼は刑罰を知っているか、良心を持つかだ。

反駁の例（2-2）

複合破壊的両刀論法

泳げるならば、海へ行くだろう。
健脚ならば、山へ行くだろう。
ところで彼は、海へ行かないか、山へ行かないかだ。
ゆえに彼は、泳げないか、健脚でないかだ。

反駁

健脚でないならば、海へ行くだろう。
泳げないならば、山へ行くだろう。
ところで彼は、海へ行かないか、山へ行かないかだ。
ゆえに彼は、健脚か、泳げるか、いずれかだ。

【探究】反駁は見かけにすぎない

○複合構成的両刀論法
　結論「CまたはD」と「非Dまたは非C」とは矛盾しているだろうか？
　…「CまたはD」と「非Dまたは非C」とは両立できる。なぜなら、（CとDとは排反の事象だから）Cのときに非Dであり、Dのときに非Cであるから。

○複合破壊的両刀論法
　結論「非Aまたは非B」と「BまたはA」とは矛盾しているだろうか？
　…「非Aまたは 非B」と「BまたはA」とは両立できる。なぜなら、（AとBとは排反の事象だから）非AのときにBであり、非BのときにAであるから。

反駁は見かけにすぎない（ベン図）

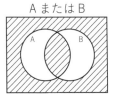

A または B

①非Aかつ非B
②非B
③非Aでも非B
　でもない
④非A

非A または 非B

①②③④

　左上のベン図に示されている「AまたはB」の領域（白抜き部）は、右上のベン図の「非Aまたは非B」の領域（右上がりの斜線だけの部分②と右下がりの斜線だけの部分の④）と同じ箇所になる。それゆえ、「AまたはB」と「非Aまたは非B」とは同じことを言っているにすぎない。（伝統的論理学の場合は、排反的選言であるから。）

理解の確認　第 13 回

問題　以下の 1 と 2 の両刀論法を論駁せよ。3 の両刀論法は反駁せよ。4 は三刀論法（トリレンマ）であるが、これは論駁せよ。

1　説明すれば、誤解される。黙っていれば、誤解される。しかるに説明するか、黙っているかのいずれかである。ゆえにいずれにしても誤解される。

2　もし公共心のある人ならば、道路にゴミを捨てない。またもし公共心のある人ならば、連れている犬の糞を片づけていく。しかるに彼は道路にゴミを捨てるか、連れている犬の糞を片づけないかのいずれかである。ゆえに彼はいずれにしても公共心がない。

3　もし君が哲学に専念するならば、事業に失敗するだろう。またもし君が俗事に専念するならば、心が救われないだろう。ところで君は哲学に専念するか、俗事に専念するかである。ゆえに君は事業に失敗するか、心が救われないかのいずれかである。

4　知に働けば角が立つ、情に棹させば流される、意地を通せば窮屈だ。しかるに人間の心の働きは知・情・意である。だから、いずれにしてもこの世は住みにくい。

【補足】形式的には誤りだが、現実的には正しい推理について

　「すべての魚は動物である。ところで動物はすべて生物である。ゆえにある生物は魚でない」（推理A）の正誤を判定せよ、という問題にどう答えるか。この場合、たしかに魚でなくても、犬や植物も生物である。だから、左上のオイラー図（結論の図［生物（魚）］）で見ても、推理Aは正しいと思える。

　ところが伝統的論理学では、この推理Aは不当否定の誤謬と呼ばれる誤り（妥当でない）である。その理由を本書55頁ではオイラー図で説明したので、次にベン図で説明する。

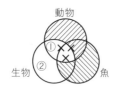

　大前提と小前提から作成された左のベン図では、「すべての魚は動物である。ところで動物はすべて生物である。ゆえにある生物は魚である」（推理B）が論理的必然性をもって成立する。他方で、推理Aが成立するためには、このベン図の①か②に×印が入る必要がある。この必要が満たされず、推理Aは誤り（論理的必然性がない）となる。ただし①と②には斜線が入らず、要素の存在可能性が残る。そして推理Aの場合（例えば①に犬、②に植物が存在する）は、事実上（現実に）推理が成立する。

　このように、論理的必然性をもつ推理Bを、事実上（現実に）成立する推理Aから区別して表せる点で、ベン図の方がオイラー図よりも優れている。オイラー図はこれができないけれど、概念の外延に即して図が描かれ、推理Aが事実上成り立つ、と一目瞭然に分かる点で優れている。（同様のことが、本書32頁と73頁でオイラー図とベン図で説明した戻換法にも言える。）

【おわりに】

　本書では、オイラー図またはベン図による判断の図を使って推理することで、伝統的論理学とは別の方法で、伝統的論理学の正しい（妥当な）推理を判定し、導出することができた。そして、オイラー図を用いた方法と、ベン図を用いた方法との2つの方法で、伝統的論理学の推理論の基本ルールについて説明できた。

　これにより、たとえ伝統的論理学の基本ルールについて知らなくとも、じっさいの推理において、適宜オイラー図やベン図を用いることができれば、正しい推理かどうかを検討できるし、正しい推理を作るのも容易である。しかも用いられる図は、オイラー図であれば2つの円の4通りの組合せであり、ベン図であれば4つの判断のベン図であるから、きわめて単純である。

　そのうえ、オイラー図であれば各々の判断を表す図どうしを比較して考え、ベン図であれば各々の判断を表す図の×点と斜線部とをうまく利用して考える、というようにいわばゲーム感覚で直観的に図を描いて考えることができる。つまり、これらの図から正しい推理について自分で直観的に考えられるのである。

　ただし前頁の「補足」で考えたように、オイラー図を用いる方法は、推理の現実的な正しさを知るのに便利であるけれど、推理の論理的必然性（妥当性）を知るには、ベン図の方がオイラー図よりも優れている。

　結論として、本書をマスターすれば、規則の丸暗記に頼らず、一から自分で考えて、直観的に（図を使ったゲームのように）伝統的論理学で知られる正しい推理ができるばかりか、現実的に正しい推理もできる。どうであっただろうか。

［毎回の理解の確認問題への解答例］

第 1 回

問題 1 ［ b, g ］

問題 2 a, b は五感で捉えられる個物であるのに対して、c, d はまずもって記号（名辞）であり、それぞれは頭の中の思想（観念、概念）を表していて、その思想 c, d のそれぞれに対応する個物が、a, b である。c, d は他の動物にない人間に独特な認知能力によるものである。

問題 3 ［ d, e ］

問題 4 ［ b, d, e, g ］

第 2 回

問題 1 ［ 種差 ］

問題 2 ［ Ａ Ｂ Ｃ Ｄ Ｅ Ｆ ］

問題 3 ［ Ｆ Ｅ Ｄ Ｃ Ｂ Ａ ］

問題 4 （存在について）有と無［矛盾］

（色のなかで）白と黒［反対］

（行為について）善と悪［反対］

（数のなかで）実数と虚数［矛盾］

問題 5

1 言い換え⇒［ある］学生 (S) は海外旅行する人 (P)［である］。
判断の種類［特称肯定　Ｉ ］

2 言い換え⇒［すべての］人 (S) は死なないもの (P)［でない］。
判断の種類［全称否定　Ｅ ］

3 言い換え⇒［すべての］原子力発電所 (S) は安全管理が重要なもの (P) である。
判断の種類［全称肯定　Ａ ］

4 言い換え⇒［ある］最近の子供たち (S) は我慢する人 (P)［でない］。
判断の種類［特称否定　Ｏ ］

5 言い換え⇒［すべての］酒酔い運転 (S) は許されること (P)［でない］。
判断の種類［全称否定　Ｅ ］

第 3 回
問題 1

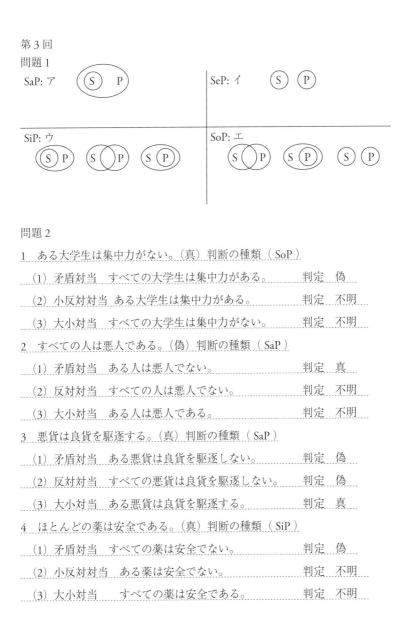

問題 2

1　ある大学生は集中力がない。（真）判断の種類（SoP）

　　（1）矛盾対当　すべての大学生は集中力がある。　　　判定　偽

　　（2）小反対対当　ある大学生は集中力がある。　　　　判定　不明

　　（3）大小対当　すべての大学生は集中力がない。　　　判定　不明

2　すべての人は悪人である。（偽）判断の種類（SaP）

　　（1）矛盾対当　ある人は悪人でない。　　　　　　　　判定　真

　　（2）反対対当　すべての人は悪人でない。　　　　　　判定　不明

　　（3）大小対当　ある人は悪人である。　　　　　　　　判定　不明

3　悪貨は良貨を駆逐する。（真）判断の種類（SaP）

　　（1）矛盾対当　ある悪貨は良貨を駆逐しない。　　　　判定　偽

　　（2）反対対当　すべての悪貨は良貨を駆逐しない。　　判定　偽

　　（3）大小対当　ある悪貨は良貨を駆逐する。　　　　　判定　真

4　ほとんどの薬は安全である。（真）判断の種類（SiP）

　　（1）矛盾対当　すべての薬は安全でない。　　　　　　判定　偽

　　（2）小反対対当　ある薬は安全でない。　　　　　　　判定　不明

　　（3）大小対当　　すべての薬は安全である。　　　　　判定　不明

第4回

問題1

(1)

1　ある商品には定価が非表示である。

2　すべての生物は死ぬのである。

3　すべての天体は不動でない。

4　ある小説家は非天才（凡才）でない。

(2)

1　公約を破るある人は政治家である。

2　飲酒運転するすべての人は警察官でない。

3　学生証を持つある人は学生である。

4　夏目漱石は『草枕』の著者である。

5　特称否定のため、換位不能。

問題2

1　→（換位）特称否定のため、換位不能。

　　　　→（換質）

2　→（換位）ある永劫に流転するものは物である。

　　　　→（換質）ある永劫に流転するものは非物でない。

3　→（換位）新型肺炎で死ぬあるものは人である。

　　　　→（換質）新型肺炎で死ぬあるものは人以外でない。

4　→（換位）すべての正直な人はクレタ人でない。

　　　　→（換質）すべての正直な人はクレタ人以外である。

問題3 以下の判断を換質換位せよ（その結果を書き入れよ）。

1　特称否定の換位になるため、換位不能。

2　ある短命な人（長生きでない人）は善人である。

3　ある表彰されないものは善行である。

4　　すべての非営利なものは商売でない。

問題4以下の判断を戻換（逆換）せよ。

1　　犯罪でないある（合法）行為は許される。

2　　特称のため、戻換できない。

3　　スポーツをしないある人はルールを守らない。

4　　特称のため、戻換できない。

第5回

1.

S: 猫

P: 犬

M: 動物

二前提から、左図のように、すべてのSがPである場合と、すべてのSがPでない場合とがありえるので、誤。

2.

S: 困った人を助ける人

P: 尊敬される人

M: 善人

二前提から、左図のように、すべてのSがPである場合と、すべてのSがPでない場合とがありえるので、誤。

3.

S: 彼

P: 根気がある

M: 語学ができる

二前提から、左図のように、すべてのSがPである場合と、すべてのSがPでない場合とがありえるので、誤。

4.

S: 中国人

P: 日本人

M: アメリカ人

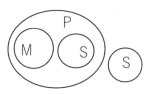

二前提から、左図のように、SがPの中に入る場合と、SがPの外に出る場合とが同時に成り立つので、この推理は誤。

第 6 回
問題

1.

(1) S: 彼
　P: 悪いやつ
　M: よく眠る人
　媒概念不周延の誤謬

(2)
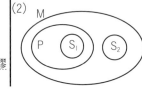

左のオイラー図のように、大概念Pの外延に対して、小概念Sの外延が中に入る場合と離れる場合とがありえるので、この推理は正しく（妥当では）ない。

2.

(1) S: 彼
　P: 一流の学者
　M: この百科事典の
　　執筆者
　大概念不当周延の
　　誤謬

(2)
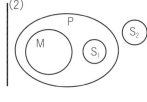

左のオイラー図のように、大概念Pの外延に対して、小概念Sの外延が中に入る場合と離れる場合とがありえるので、この推理は正しく（妥当では）ない。

3.

(1) S: 口が上手な人
　P: 借金を返す人
　M: 嘘をつく人
　媒概念不周延の誤謬
　小概念不当周延の誤謬

(2)
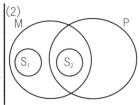

左のオイラー図のように、大概念Pの外延に対して、小概念Sの外延が中に入る場合と離れる場合とがありえるので、この推理は正しく（妥当では）ない。

4.

(1)S: 海が好きな人
　P: 山が好きな人
　M: 人々
　媒概念不周延の誤謬

(2)
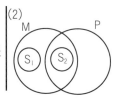

左のオイラー図のように、大概念Pの外延に対して、小概念Sの外延が中に入る場合と離れる場合とがありえるので、この推理は正しく（妥当では）ない。

第7回　本書59〜62頁で解答済み。
（参考）表を作成せずに解答する場合の解答例

1
S: 死刑を執行する者
P: 死刑に処せられる
M: 人を殺す者

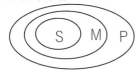

左下図のようになってオイラー図からは正しいが、媒概念の「人を殺す者」が不法に人を殺す場合と法に従って人を殺す場合との2つの意味で用いられているので、誤。

　　　伝統的論理学では、媒概念曖昧の誤謬

2
S: 彼
P: 薬物を使う
M: 一位である

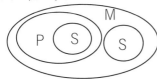

両前提から、オイラー図では左下図のように、すべてのSがPである場合と、すべてのSがPでない場合とがありえるので、誤。

伝統的論理学では、媒概念不周延の誤謬

3
S: ぼく
P: ナポレオン
M: 人間

両前提から、オイラー図では左下図のように、すべてのSがPである場合と、すべてのSがPでない場合とがありえるので、誤。

伝統的論理学では、媒概念不周延の誤謬

4
S: 困った人を助ける人
P: 尊敬される
M: 善人

両前提から、オイラー図では左下図のように、すべてのSがPである場合と、すべてのSがPでない場合とがありえるので、誤。

伝統的論理学では、小概念不当周延の誤謬、および媒概念不周延の誤謬

5
S: 彼
P: 根気がある
M: 語学ができる

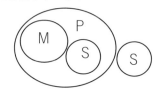

オイラー図では両前提から、左下図のように、すべてのSがPである場合と、すべてのSがPでない場合とがありえるので、誤。

　伝統的論理学では、大概念不当周延の誤謬

6
S: 動物
P: 四つ足
M: イヌ

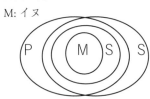

オイラー図では両前提から、左下図のように、すべてのSがPである図は作れるが、すべてのSがPでない場合の図が作れない。しかも、Sの外延がPを切る場合がありえるので、正しい結論は、特称肯定判断。しかし、問題の三段論法の結論は全称肯定判断なので、誤。

伝統的論理学では、小概念不当周延の誤謬

7
S: 人間
P: 理性がある
M: 動物

オイラー図では両前提から、左下図のように、結論はすべてのSはPでないという全称否定判断。問題文の結論も全称否定判断である点はよい。しかし、動物という媒概念が、人間を含める場合とそうでない場合との2つの意味で用いられているので、誤。

伝統的論理学では、媒概念曖昧の誤謬

8
S: 中国人
P: 日本人
M: アメリカ人

オイラー図では両前提から、左下図のように、すべてのSがPである場合と、すべてのSがPでない場合とがありえるので、誤。

伝統的論理学では、否定二前提の誤謬

第 8 回

問題 1

①矛盾： すべての哲学者は酒飲みでない。 　　　　判定（偽 ）

　小反対： ある哲学者は酒飲みでない。 　　　　　判定（不明）

　大小対当： すべての哲学者は酒飲みである 　　　判定（不明）

② →時には許される。解答（偽 ）

③矛盾： すべての学生は地球人である。 　　　　　判定（真 ）

　小反対： ある学生は地球人である。 　　　　　　判定（真 ）

　大小対当： すべての学生は地球人でない。 　　　判定（偽 ）

④ →正直な政治家もいる。（＝ある政治家は正直である。）解答（不明）

問題 2

① →ある既婚者は学生である。→ある既婚者は学生でない人ではない。
これは O 命題。

② →ある授業は面白くないものである。→ある面白くないものは授業で
ある。→ある面白くないものは授業でないものでない。これは O 命題。

③ →すべてのピーマンはトマトでない。→すべてのピーマンはトマトで
ないものである。→あるトマトでないものはピーマンである。→あるトマ
トでないものはピーマンでないものでない。これは O 命題。

④ →すべての電気は無料でない。→すべての無料の物は電気でない。→
すべての無料の物は電気でないものである。→ある電気でないものは無料
の物である。→ある電気でないものは有料でない。これは O 命題。

問題 3

①解答（ 真 ）理由：戻換法により、後件は真となる。

②解答（不明）理由：小反対の対当推理により、後件は真偽不明である。

第 9 回　本書 79 ～ 81 頁で解答済み。

第 10 回

1

S: 人間

P: サル

M: 理性的

与えられた三段論法の両前提によるベン図
は左の通り。S と P との図から、「すべての
S（人間）は P（サル）でない」という結論
は導けるが、「人間はサルである」とはな
らないので、誤。

伝統的論理学では、不当肯定の誤謬

2
S: 彼
P: 悪いやつ
M: よく眠る

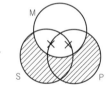

与えられた三段論法の両前提によるベン図は左の通り。SとPとの図から、「S（彼）はP（悪いやつ）である」という結論とならないので、誤。
伝統的論理学では、媒概念不周延の誤謬

3
S: 彼
P: 一流の学者
M: この百科事
　典の執筆者

与えられた三段論法の両前提によるベン図は左の通り。SとPとの図から、「S（彼）はP（一流の学者）でない」という結論とならないので、誤。
伝統的論理学では、大概念不当周延の誤謬

4
S: 口が上手な人
P: 借金を返さ
ない人
M: 嘘をつく人

与えられた三段論法の両前提によるベン図は左の通り。SとPとの図から、「S（口の上手な人）はP（借金を返さない人）である」という結論とならないので、誤。
伝統的論理学では、媒概念不周延の誤謬

5 結論を述定命題「ある山が好きな人は海が好きな人である」にして考える。
S: 山が好きな人
P: 海が好きな人
M: 人々

与えられた三段論法の両前提によるベン図は左の通り。SとPとの図から、「あるS（山が好きな人）はP（海が好きな人）である」という結論とならないので、誤。
伝統的論理学では、媒概念不周延の誤謬

6
S: 動物
P: 山に住む
M: 人間

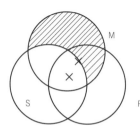

左のベン図から、大前提の×印をSとPの間のレンズ形の部分に追い込めばよいから、「すべてのMはSである」つまり「すべての人間は動物である」が求める小前提である。

第 11 回

1

A: 努力する
B: 成功する

左図より、Aでない場合には、Bである場合もありえるので、誤り。前件否定の誤謬

2

A: 合理化が進行する
B: 失業者が増える

左図より、Bである場合には、Aでない場合もありえるので、誤り。後件肯定の誤謬

3

A: 太陽が照る
B: 石が温まる

左図より、Aである場合には、Bでないことはなく、必ずBであるので、正しい。

4

A: 急行列車が来る
B: この駅に止まらない

左図より、Bである場合には、Aでない場合もありえるので、誤り。後件肯定の誤謬

5

A: 利益に走る
B: 自然破壊が進む
C: 科学技術が悪用される

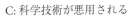

左図より、AならばBであるという結論が導けるので、所与の三段論法は正しい。

6

A: 真の科学者である
B: 利己主義者である
C: 品性が下劣である

左図より、AならばBでないという結論が導けるので、所与の三段論法は正しい。

7

A: なまけものでない
B: 勉強好きである
C: 論理学の単位を取れる

左図より、AならばBであるという結論が導けないので、所与の三段論法は誤りである。

第 12 回

1

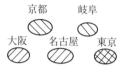

Xの情報では、東京と名古屋と大阪の選言は互いに排反である。Yの情報では、東京と京都と岐阜の選言は互いに排反である。しかもこれらの情報は確実だから選言肢を尽くしている。それゆえ、両情報が両立するためには、犯人は東京にいるのでなければならない。よって、この推理は正しくない。

2

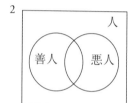

人は善人と決まったわけではなくて、善人であったり悪人であったりする人もいれば、善人でも悪人でもない人もいる。だから、善人と悪人という選言肢はお互いに排反ではなく、また選言肢を尽くしてもいないので、所与の選言三段論法は成立しない。

3

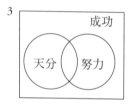

天分だけや努力だけで成功した人ばかりではなく、天分と努力の両方で成功した人もいれば、天分も努力もなしに、幸運だけで成功した人もいる。だから成功は天分によるか努力によるか、という選言肢はお互いに排反でなく、また選言肢を尽くしてもいないので、所与の選言三段論法は成立しない。

4

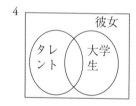

彼女はタレントで、かつ大学生でもありえる。また、タレントでも大学生でもないかもしれない。だから彼女はタレントか大学生かという選言肢はお互いに排反でなく、また選言肢を尽くしてもいないので、所与の選言三段論法は成立しない。

5

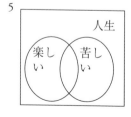

人生は楽しいときもあれば、苦しいときありえる。また、楽しくも苦しくもないような人生もありえる。だから人生は楽しいか苦しいか、という選言肢はお互いに排反ではなく、また選言肢を尽くしてもいないので、所与の選言三段論法は成立しない。

第 13 回

1（解答例）前提の仮言判断「説明すれば、誤解される」の前件と後件との間には必然性がない。なぜなら、説明が上手であれば、「説明すれば、理解される」ことになるからである。それゆえ、このジレンマは成り立たない。

2（解答例）彼は困っている人を見れば、進んで助けるので、公共心を見せる場合もある。つまり選言肢は他にもある。したがってこのジレンマは、選言肢が尽くされていないので、成り立たない。

3（解答例）もし君が哲学に専念するならば、心が救われるだろう。またもし君が俗事に専念するならば、事業に成功するだろう。ところで君は哲学に専念するか、俗事に専念するかである。ゆえに君は心が救われるか、事業に成功するかのいずれかである。

4（解答例）前提の仮言判断「知に働けば角が立つ」の前件と後件との間に必然性がない。なぜなら、角が立たないように上手に知を働かすこともできて、「知に働けば角が立たない」場合もあるから。ゆえに、このトリレンマは成り立たない。

あとがき

　本書が世に出るのは、春風社が出版を快くお引き受けくださったおかげであり、とりわけ編集長の岡田幸一氏にはたいへんお世話になった。また著者が論理学の入門授業を長年にわたって法政大学で行い続けられたことが本書の背景にある。思い返すと、最初に論理学の授業担当の機会を授けてくださった竹内昭先生、共著『論理学の初歩』（梓出版社）でお世話になった白根裕理枝先生、大貫義久先生、中釜浩一先生、そして拙い授業に参加してくれた学生諸君をはじめ、その他さまざまな場面で助けてくださった方々のおかげもあるからこそ、本書が成り立ったと思える。もちろんその間に、いちいち詳細を述べないが、さまざまな機会に、またさまざまな書物によって、本書に関係する多くの学恩を受けている。こういったこと全てに、ささやかながらも、ここに心から感謝を申し上げたい。

　2021 年 2 月

菅沢龍文

［索引］（50音順）

【著者】 菅沢龍文（すがさわ・たつぶみ）
法政大学文学部教授。共著『論理学の初歩』（梓出版社、2010 年）、共訳書：M・キューン『カント伝』（春風社、2017 年）、J・シュルツ『カント『純粋理性批判』を読むために』（梓出版社、2008 年）、R・プラント『哲学ひとつの入門』（理想社、2006 年）他。

論理学　はじめの一歩
——オイラー図とベン図で知る伝統的論理学

	2021 年 3 月 31 日　初版発行
	2024 年 4 月 17 日　二版発行

著者　　菅沢龍文 すがさわ・たつぶみ

発行者　三浦衛

発行所　春風社 Shumpusha Publishing Co.,Ltd.
横浜市西区紅葉ヶ丘 53　横浜市教育会館 3 階
〈電話〉045-261-3168　〈FAX〉045-261-3169
〈振替〉00200-1-37524
http://www.shumpu.com　✉ info@shumpu.com

印刷・製本　シナノ書籍印刷株式会社

装画：Leonhard Euler（右上）、John Venn（左下）